The Power of Inquiry

超级询问的100种方法

高情商者必备的黄金提问法则

顾 嘉◎著

中国法制出版社
CHINA LEGAL PUBLISHING HOUSE

前言 PREFACE

如果你正在为自己的口才苦恼、不知如何与人交流、对人的询问总是得不到满意的答复、与人聊天总是冷场、经常找不到与人沟通的话题、不知如何与人互动……那么，这本《超级询问的 100 种方法》就是写给你看的。

语言是我们与人沟通的桥梁。通过语言来询问、聊天、与人交流、进行信息的交换，是我们每个人每天都在做的事情。

当你向你的同事请教一项工作时、当你向朋友询问一件事情的进展时、当你在谈判时试探对手的底线时、当你向父母倾诉苦恼时；当你求职时、当你面试时、当你婚恋时、当你与人争论时……你都需要用语言来获得你想要的效果。

"通过语言来影响他人"是语言对于我们每个人的意义。面对谈话的对象，想要得到他们有价值的回应，或者让他们因为你的语言而改变，你就必须掌握语言的技巧，这当中最重要的便是询问和聊天的方法。

当然，有些人可以不经过他人同意，便获得这种回应和影响。譬如，面对警官的询问，你必须要回答；法官可以不同你商量，便对你作出判决；你的老板也可以不经你同意，便指派你做某件你不喜欢的工作。但这种影响，是通过强权来实现的，而并非语言的技巧。

换句话说，语言的技巧，实际上就是给了你一种强权之外的权利，这种权利能够让你获得你想要的回应，让别人受你的影响。善于询问的人在几句话内便可以获知你的心情；善于聊天的人在潜移默化中，就可以让你改变原有的想法而接受他的观点；即便你不想说话，但面对懂得运用语言技巧的人，你也一样会乐于张开平时紧闭的嘴……语言的技巧如同一种天赋，让人在生活的每一个领域都占足先机。

在你的一生中，从求职到升迁、从恋爱到婚姻、从陌生人到知己、从应酬到闲聊，无不需要展现语言的技巧，而语言最实用、最根本的技巧便是询问、聊天的技巧。掌握询问聊天的技巧，其益处往小说可以获得他人的青睐，往大说可以成就不一样的人生；反过来，如果没有这方面的技巧，其危害往小说会让你树敌无数，往大说则会让你的人生处处碰壁。这种技巧是人一生中不可缺少的一种传达思想的工具，它不仅可以使你更好地与人相处，还可以为你的工作和生活带来许多便利。正因如此，人们才将“口才”称为立足于社会的重要武器。

询问的技巧并非来自天赋，它需要你用特有的敏锐洞察力去感悟、需要你在生活的每一个片段中不断地搜寻、提炼，把它与自己的生活融会贯通，真正为你所用。

本书通过大量贴近生活的事例和精练的要点，帮助读者认识到询问、聊天的重要性，如何避免无效的询问和无意义的语言，以及如何才能让询问更有效果、如何通过聊天打动对方，力求让读者在趣味阅读中领悟到语言的智慧与力量。

目录 PREFACE

Chapter 1 心里有底，嘴上不慌，询问之前先准备

1. 提问之前，先要做到心里有底 / 02

2. 确定通过询问要解决什么问题 / 04

3. 提前想好询问的开场白 / 05

4. 问题越具体，越能激起对方回答的欲望 / 08

5. 厘清思路，想好询问的各个环节 / 10

6. 做好准备工作，询问之前先换位思考 / 12

7. 事先想好询问中可能发生的事 / 14

8. 在心里多多模拟询问的场景 / 16

9. 做好练习，杜绝坏问题 / 18

10. 知己知彼，问出好问题 / 20

11. 有效询问的三原则 / 22

12. 从失败的提问中吸取教训 / 24

Chapter 2 这么问，才不会招人烦

13. 询问之前，先听听对方怎么说 / 28

14. 放下身段来倾听，态度是第一位的 / 30

15. 聆听时，请正视他人的眼睛 / 31

16. 注意反馈，体察对方的感觉 / 33

17. 针对不同问题，找不同人回答 / 35

18. 用词尽量贴切，描述尽量精确 / 36

19. 以问题打开话头，轻松聊出好交情 / 38

20. 以请教的方式提问，轻松获得好人缘 / 40

21. 抓住对方话中的重点，边听边琢磨 / 42

22. 懂得在关键的时候提问 / 44

Chapter 3 用技巧“撬开”对方的嘴

23. 你如果这样问就不尴尬了 / 48

24. 二分式思维：你想得到满意的结果吗 / 50

25. 重视反问的强大力量 / 51

26. 有限选择询问法 / 53

27. “是什么”和“应不应该”的问题 / 55

28. 将干扰“体面化” / 57

29. 称赞那些你看得到的东西 / 59

30. “不提问”和“让他说” / 60

31. 90% 的说服不是用语言来完成的 / 62

32. 海绵式思维：请问你可以帮助我吗 / 64

33. 询问时，把对方的名字讲出来 / 65

Chapter 4 把答案藏在问题里

34. 给对方一个更容易回答的问题 / 70
35. 询问时，你要学会装傻 / 72
36. 用问题当诱饵来诱导对方 / 73
37. “题干”就包含你想要的答案 / 75
38. 获得有用答案的关键在“怎么问” / 76
39. 理智思考和感情用事 / 78
40. 像麦肯锡分析师一样去询问 / 79
41. 淘金式思维下的询问法则 / 81
42. 摸清对方的“心理透视法” / 83
43. 奥卡姆剃刀询问法 / 84

Chapter 5 不要说你想说的，说对方想听的

44. 想一想，你真的把话说清楚了吗 / 88
45. 重复对方的话 / 90
46. 争取询问的主导权的技巧 / 92
47. 应对会议终结者 / 93
48. 应对故意刁难者 / 95
49. 让对方进入你想要的状态 / 97
50. 抓住信号性字眼 / 99
51. 倾听对方的话外之意 / 101

Chapter 6 这样问，对方更容易“招供”

52. 询问之前，做好“最坏的打算” / 104
53. 空白邮件法则，提高你的回复率 / 106
54. 投影法：谈论别人时顺势说出想法 / 108
55. 低姿态询问，透露更重要信息 / 109
56. 二段式询问法则，引诱他说出“真正想法” / 111
57. 讽刺效应：你不告诉我也没有关系 / 113
58. 有些事，不问就不会知道 / 115
59. 询问时不要想太多，越在意越要“问” / 117
60. 大胆提问，总比不说话好 / 118
61. 让你的询问话语更动听 / 120

Chapter 7 “好问题”比命令更有效

62. 让你的语言更动听 / 124
63. 截止效应：注意“结束的时间” / 125
64. 玩一个“寻找犯人”的游戏 / 127
65. 找一个让被询问者“乖乖听话”的理由 / 129
66. 如何让孩子更听话 / 131
67. 如何说让会议更顺利 / 133
68. 如何拜托别人帮忙 / 135
69. 如何说服别人跟从我们 / 137
70. 如何拒绝别人的请求 / 139
71. 如何让拖延症患者快速回复 / 141
72. 用问题让对方快速作决定 / 143

Chapter 8 互动让询问从“独角戏”变成“二人转”

73. 积极互动，边询问，边表达 / 148

74. 注意语气，并重复对方的话 / 149

75. 不要问别人不愿意回答的问题 / 151

76. 要善于在倾听中提取新问题 / 153

77. 察言观色，插话要适宜 / 154

78. 不要一味地点头，有主见的人才能赢得尊重 / 156

79. 遇到自己不赞同的观点时，别急着反驳 / 157

80. 强化对方的自主权，可让对方更容易开口 / 159

81. 营造平等的沟通氛围 / 160

Chapter 9 只询不问，在聊天中获取答案

82. 要说就说对方关心和感兴趣的事 / 164

83. 从对方得意的事说起 / 165

84. 用大量信息轰炸，让对方没有思考的空间 / 167

85. 因势利导，逐步瓦解对方的心理防线 / 169

86. 反面文章正面做，正话反说有效果 / 171

87. 人们更愿意同有幽默感的人聊天 / 173

88. 给对方一个选项 / 175

89. 同病相怜，说一句“我也是” / 177

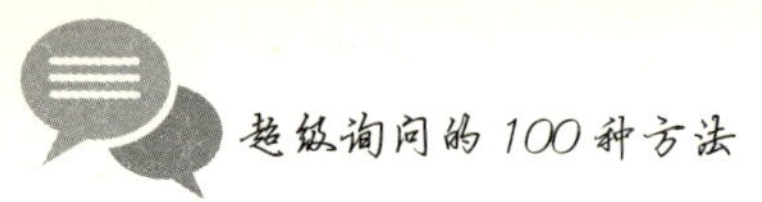

Chapter 10 分析答案，让询问更有意义

90. 对他人的回答持理性态度 / 180

91. 随时对别人的回答进行分析 / 181

92. 起因归谬：专家的答案也未必是对的 / 183

93. 影响客观分析的“病毒”——偏见 / 184

94. 可以认同答案，但不要从众 / 186

95. 不要寻找事实去支持答案 / 187

96. 汲取有效的建议，过滤不利的信息 / 188

97. 在不断的质疑中锻造勇气 / 190

98. 在提问中培养独立思考的能力 / 192

99. 解疑是塑造价值观的过程 / 194

100. 在不断询问中找到自己的人生目标 / 195

Chapter 1

心里有底，嘴上不慌，询问之前先准备

1. 提问之前，先要做到心里有底

刚认识一个陌生人没几分钟，为了避免彼此的尴尬，你会找一些话题和对方聊天。当然，最有效的方式就是询问问题了，既能够了解对方，又能加深对方对你的印象。可别小看这刚开始的聊天，都说第一印象很重要，聊得好可以给你加分，聊得不好则会给对方留下不好的印象。那么，怎么聊天才能给对方留下一个好印象呢？

要给彼此一个愉快的聊天过程。这一点看起来很简单，但是做起来却不是那么容易。为什么呢？因为每个人都是独立的存在，想法和观点也存在着差别，就算是相识多年的老友也会有说错话的时候，更何况相识不久的陌生人呢？所以，当你还不是那么了解对方的时候，稍不注意就会踩到对方的雷区，惹怒对方。

所以，最好的做法就是在询问之前，自己一定要做到心中有底，知道哪些问题可以问，哪些问题超过了底线，是禁区。你需要依据双方的熟悉程度，在询问之前先在心里列一个大纲，大致知道能问的问题有哪些、到什么程度问题能加深、禁区在哪儿等；然后按照自己列出来的大纲去询问问题，这样就不会出现问错问题、惹对方生气的尴尬情景了。

同时要注意的是，即使你们后来已经聊得热火朝天、感觉相见恨晚了，还是不要越过之前设好的底线，询问的问题也不应该“超纲”。

于是有人就说了，那就询问一些无足轻重的问题好了，比如“今天天气怎么样啊”“你吃了什么饭”之类的，这样就不会有“踩雷”的危险了吧？可是，这样乏味的问题很容易让对方厌烦，而且，这样的问题一般只适合开场的时候询问，如果想进一步聊天、想更加了解对方，这些问题是不能满足良好沟通的需要的。

当然，尽管每次询问、交谈的对象不同，但是，这份大纲中的一些信息却是共通的。就像分析任何一首诗歌都要从诗歌意思、背景、寓意等方面来分析一样，询问之前所谓的“有底”也是相似的。

比如说，人人都喜欢懂礼貌的人。所以，要想和别人一见如故，就要先给对方留下一个礼貌却不疏离的印象。因此，你计划要询问的那些问题最好能让对方觉得贴心，同时营造出一个温馨舒适的氛围，这样才能有效消除对方的陌生感。这就需要我们在询问之前，尽量找到对方感兴趣的点，然后选择一些轻松愉悦的话题。

如何选择较为轻松愉悦的话题呢？也就是说，你怎么知道你选择的这个话题对于对方来讲正好就是轻松愉悦而且又不会触碰对方底线的问题呢？这就需要你事先收集对方的信息，了解对方的喜好。

如果对方是个家庭主妇，那你可以准备一些与做菜、子女等有关的问题；如果对方是一个活力四射的年轻人，你可以选择恋爱、游戏、追星等新鲜事情作为话题；如果对方是学识、涵养都很好的人，那你可以多讲讲你最近看过的书籍；而如果是与老年人聊天，则可以谈谈养生、子孙或他们那个年代有趣的事情。因为这些问题对方都很擅长，对方会愿意侃侃而谈，而你自然也有底气与对方开展一场愉快的交谈。

如果对方碰巧是初次见面的陌生人呢？你对他们不了解、不知道他们喜欢什么，万一提出了对方不感兴趣的问题可怎么是好？不要担心。如果你对最近正在流行的话题、事物、新闻等有所了解，你就可以和陌生人聊这些问题，慢慢引起对方的注意和兴趣，加深对他们的了解，然后你就能进一步聊天了。

同时要注意的是，有些问题是一定不能问的，比如一些低俗的、无意义的或过于沉重乏味的问题，这不仅会降低自己的格调，也很容易让对方厌烦。对于那些没有定论的、处于争议中的问题，最好也不要谈论，不然如果两个人观点不一样，就很容易引发争辩。

总之，无论到何处、和什么人聊天，你最好能事先在心中有个准备，对你们的聊天模式有个大致的轮廓，做到心中有底，方能轻松、愉快地与人交谈。久而久之，你将会发现自己和陌生人之间的距离其实很近，你的人缘也会越来越好！

在询问之前，你一定要了解对方的喜好与兴趣点，知道对方的底线与禁区在哪里，才能投其所好，让问题不过火，不惹对方生气。只有你心中有底了，在与人聊天时才不会慌乱，还能让对方对你一见如故。

2. 确定通过询问要解决什么问题

“询”字有请教、征求意见的意思。也就是说，当一个人需要询问别人问题的时候，也就是他遇到了什么自己不懂的、解决不了的问题，需要征求他人的意见的时候。比如你在异国他乡忘记了回酒店的路怎么走时，就需要找个当地人询问一下路线；比如你们领导要求你明天交一个PPT做会议演讲，可是你没做过PPT，就需要求助于会做的人，请他们帮助你一起做；等等。

所以一般来讲，“询问”都是你带着问题去咨询别人，是为了给自己解疑答惑的。那么，为了让自己的询问取得一个良好的效果，你就需要在询问之前做好准备，确定你这次询问的目的是什么、想要通过询问解决什么问题。

成年人的生活太复杂了，问题也多种多样，经常有好几个问题互相纠缠，很容易混淆。而且你忙他也忙，每个人的时间都很宝贵，因此，你不能在自己没弄明白要解决什么问题之前，就去找对方发问，浪费彼此的时间。

所以，不论是在工作还是生活中，不管如何询问，你首先要明白自己的目的和动机是什么，才能对症下药、不让话题跑偏，才能快速、有效地获得自己想要的答案。如果你实在不知道如何确定你要解决的问题是什么，那么可以借鉴下面的几个步骤。

第一，厘清思路，明白要解决什么问题。对你想要询问的问题，你一定要厘清思路——这次询问是为了解决什么问题、如何解决，或者说你希望对方如何帮助你。

第二，确定主题，并围绕主题制定问题。等你有了主要思路，就可以据此确定问题了。注意，主题一定要鲜明、准确，用词要精准，不能笼统、含糊。不然，你就会在询问中发现自己的逻辑很混乱。确定了主题后，你就可以围绕主题提出问题了。问题最好具体一点，这样对方才能回答出具有实际意义的答案，沟通效果才会更好。

第三，必要的时候可以“纸上谈兵”。虽说有时候“纸上得来终觉浅”，但“好记性不如烂笔头”。当你实在不知道你这次询问要解决什么问题，或者说你的思路还不是那么清晰的时候，你就可以拿出纸和笔，列出自己想要解决的问题；然后再根据列出的问题想想要如何问、怎么问、找谁问。等你列好“大纲”，再将其应用到实际的询问中，一步一步解决问题。这样的话，你会感到轻松，被你询问的人也会很轻松。

由此可见，询问不只是“你问、对方回答”就可以了，最关键的是自己先要弄明白——询问什么，才能知道如何发问。

点睛

一般，我们都能弄明白自己要询问的是什么问题。不同的是，我们询问的方法不一样，解决问题的能力也不一样。但是，只要我们目标明确，就能将问题分解，然后逐一攻破。

3. 提前想好询问的开场白

俗话说：“万事开头难。”要想开个好头，就难上加难，但是好的开始是成功的一半——如果你有一个好的开场白，你就给别人留下了好的印象，对方在面对你的询问时也自然会很乐意与你交流。所以，你一定要在询问之前做好准备，有一个成功的开场白。

什么是成功的开场白呢？俄国文学家高尔基说过："最难的开场白，就是第一句话如同音乐一样，看似平淡，却奠定了全曲的音调。"这是什么意思呢？就是说，好的开场白看似平淡无奇，却奠定了你整个询问过程的基本面貌和风格；而且，一个优秀的开场白，不仅能够拉近你与对方的距离、在你与对方之间建立起信任的桥梁，还能引起对方的注意、抓住对方的心理，为你接下来的询问之路做好铺垫，让你在不知不觉中顺利地达到自己的目的。

既然开场白如此重要，那就来学习一下几种开场方式吧！

第一种，语出惊人。

大众对泛泛之谈是不会过多关注的，只有与众不同的言论才能达到引人注"耳"的效果。所以，你不妨用别人意想不到的见解引出话题，来一个语出惊人的开场白，达到"此言一出，举座皆惊"的效果，这会吸引对方主动追随你，急不可耐地想要听你接下去的内容。

但需要注意的是，你可以"语不惊人死不休"，但应掌握好分寸，结合听众的心理去开场，而不要变成吹嘘和哗众取宠，或为了追求怪异而大发谬论，这样极易引起听众的反感。而且，再惊人的开场也得围绕你这次谈话的主题来进行，不然就没有意义了。

第二种，风趣幽默。

很多人都会选择风趣幽默的开场白，因为这种方式的开场会让对方哈哈一笑，缓解彼此之间可能存在的尴尬气氛，不论是作为询问者的你，还是被询问者，都能够放松下来，进入一个轻松愉快的谈话氛围中。

同时，你也可以用幽默风趣的开场白介绍自己，让对方觉得你是一个透明度较高且平易近人的人。而且，因为你的自我介绍中有对自己的嘲讽、揶揄，还会让对方不自觉地产生一种优越感。不过，你在自我介绍时心里一定要放轻松，体态要自然大方，语气要平和，感情要充沛。同时要注意，你的措辞应该简洁明了，不然你表述得拖泥带水的，开场白没完，大家还不知道你是谁、有什么兴趣爱好时，就已经听烦了。

第三种，即景生情。

这种类型的开场白比较自由，通常看当时有什么情景可以引用，比如说天气、最近的新闻等，你可以以此展开话题，把对方不知不觉地带入你要询问的问题范围内。这样的开场既不会显得生硬突兀，也不至于戳中对方的底线，以闲聊的方式让对方接受你的询问。注意，即景生情的目的还是将话题引入到你即将询问的问题中，不能就此偏离主题。

第四种，悬念重重。

选择这种询问方式的人，一般都是抓住了人们好奇的天性，用开场白吸引对方的注意力，让对方产生非得探明究竟不可的心理，引起接下来的交谈。不过，制造悬念并不是故弄玄虚，不能一直吊着大家的胃口、悬而不解，你最好能在适当的时候解开悬念，满足听众的好奇心。

第五种，闲话八卦。

你可以选择一个与询问主题有着密切关系的小故事或者是身边的某件事情作为开场白，引起对方的谈兴，让对方急不可待地参与到八卦之中。所以，这个八卦小故事一定要有意味，能令人回味无穷，才能吸引对方的注意。不过，选择这种类型的开场白是要看人的，要选择那些喜爱八卦的对象。

第六种，虚心请教。

很多情况下，是因为你不知道某件事情、不了解某个情况才会去询问他人，所以，询问也有着“请教”的意味。而且，有很多人好为人师，喜欢指导、教育别人，因此，你可以通过向对方虚心请教问题的方法来引起对方的注意，一般情况下对方是不会拒绝的。

第七种，借力打力。

什么是借力打力呢？就是通过第三方的人或事来吸引对方，比如“我是 ××× 引荐来的……”“你也认识陈 ×× 吗？他是我同学”等。这是一种迂回战术，对方本着“不看僧面看佛面”的心理，也会和和气气地与你交谈一番。

总之，开场白的方式多种多样，你不必拘泥于某一种形式，而应具体情况具体分析，根据你遇到的实际情况挑选合适的开场白，如果你的开场白引起了对方的注意，你的询问就成功了一半。

点睛

你不妨在询问之前就针对自己的问题和对方的情况设计一段精彩的开场白，引起对方的注意和重视，为后面的良好沟通奠定坚实的基础。

4. 问题越具体，越能激起对方回答的欲望

同样都是询问、聊天，你的问题越具体，就越能激起对方回答的欲望，对方回答出来的内容也更加有料。

一次，记者采访格力的董事长董明珠，这位记者询问的问题都很具体，董明珠也说了很多她的看法和观点，可以说是一个很成功的询问案例。

“都知道你与小米的雷总有一个‘10亿赌局’的约定，不过，因为小米入股美的，这个约定应该就不存在了。那么，不谈赌局的话，关于你在2012年上任时说过的5年内达到营收2000亿元的这个目标，你对这个目标的完成还有信心吗？”

“完全有信心。我当时保证5年做到上交税收100亿元，结果，我提前3年就超额完成了任务。”

“那你觉得国内家电业的竞争环境怎么样？”

“我认为，如果没有竞争，企业就难以进步，但是，我反对用卑鄙的手段竞争。就像之前美的侵犯了我的专利，法院判它赔我200万元。这就说明公道自在人心。”

“之前你还讲过‘一晚一度电’的广告语是吹牛，你是觉得技术层面上达不到吗？”

“不是技术达不到，而是环境不允许。真要照那个广告说的那样，我们的空调 4 天都用不了一度电。但要想达成这个目标，需要特定的条件，就是外界要恒温 28 度，而且要把空调的模式调到某个定频上。也就是说，将原本的变频空调调到定频，这不是技术上的倒退吗？所以，我才说它是在吹牛。”

“据我所知，你之前是销售出身，但我发现你现在更爱谈论技术，这是为什么？”

“因为自从我上任后，我看到很多文章说我会把格力的重点转向营销，我觉得这些文章要么不了解格力，要么就不怀好意。尽管我是销售出身，但是格力产品的质量是在我的推动下才走到今天的。而且，我早在 2001 年就当上了总经理，那时就已经开始关注技术了。”

在这个访谈中，记者没有问那些“假大空”的问题，每个问题都有真材实料，因此，董明珠的回答才更详细、更具体。

但是，不是所有的人在询问时都能像这个记者一样专业，尤其是一些非专业人士，他们不知道如何问问题，只会询问一些乍一听有模有样、细究起来却缺少具体事实和实际内容的问题。这样的问题空有花架子，却让被询问的人感到厌烦，也无从回答，只好用一些同样虚假的、不实际的话来回应。所以，为了激发对方回答的欲望，就应该让问题更加具体。

首先，询问问题要就事论事。如果你想知道对方关于某件事的看法，那么，你就要说明前因后果，直接提出这件事，并询问对方的看法，而不是顾左右而言他，却不肯明说是哪件事，让对方乱猜。

其次，能提出自己独特的见解和发现。在询问对方一些问题、看法和观点时，你可以从中挑选一个点作为问题的切入点，并提出自己独特的看法，令对方耳目一新。对方会被你的问题和观点所吸引，自然也愿意与你探讨一下，双方的交谈就会更融洽。

再次，直接发问，让问题直接点。不要问一些不知所云的问题，然后让别人给你建议、看法，这不是丈二的和尚——让人摸不着头脑吗？所以，问问题的时候，最好把你遇到的情况明明白白地说清楚，直接一点、简单一点，让人一目了然地知道你为什么会有这样的困惑，方便给出建议。

最后，对于你想要什么结果，自己要有预设。问题不仅要说明白，还应该预设一个解决方案。比如你想从别人那里得到什么解决方案，要人家替你办什么事情、事情该怎么办，最好可以预设一个解决方案，这样对方才知道要给你解决什么问题、用什么方法解决；而如果你能把预设的结果与问题一同说出来的话，就更加方便别人回答你的问题了。

同时要注意的是，不要以为“具体的问题”就是让你的询问范围越小越好。太过狭窄的问题也会拘束对方的答案，而且，当问题特别小的时候就容易幼稚化、低龄化，你问出来只会惹人发笑，也就没有什么询问的意义了。

说话、做事是否务实，就体现在你的问题上。如果你问的问题都虚言浮术、华而不实，就不能引起对方的注意，对方也没有回答的欲望。

5. 厘清思路，想好询问的各个环节

看过《奇葩说》的观众都特别佩服马薇薇，因为她是一个思路特别清晰的人，她能够针对对方的辩论观点——哪怕对方说得一塌糊涂、连自己都不知道说了些什么东西——马薇薇都能用简洁明了的语言总结出来，并指出里面的悖论和漏洞，条分缕析地分析对方说错了什么。犀利的马薇薇受到广大观众的喜爱，很多网友都在微博里求薇薇姐发教程，告诉大家如何如此条理清晰地说话。

为什么条理清晰地说话那么受到大家的欢迎呢？因为很多人都是“语死症患者”，不能开口说话，一开口说话就好像坐了云霄飞车一样，颠三倒四、杂乱无章，自己没有表达清楚自己要说什么，别人也听得云里雾里的。大家想啊，你去询问别

人问题，结果你连问题本身都没搞清楚，那么别人如何能听得明白，又如何回答你呢？所以在询问之前，你最好能有一个清晰的思路、想好询问的各个环节，才能心中有底、嘴上不慌。

如何才能厘清思路呢？这其中还有两种不同的情况。一种情况是你本身的思路足够流畅、清晰，但口头表达能力不行，说出来就特别乱。

要想解决这个问题，就需要你在询问之前做一个良好的心理建设，悄悄地在心里给自己鼓劲，比如说“别害怕，就是说个话而已，像平常一样就行”。然后，你在与人交谈时，一定要控制自己的语速，不能太快、太高，也不能太慢，最好在句子与句子之间有适当的停顿，让自己显得不急不缓。接着，你在表述自己要询问的内容时，一定要把脑子里的东西用简单的语言说出来，最好可以加上序数词“第一、第二、第三、第四”，才会显得你条理清晰、说服力强。

另一种情况是你脑子乱、嘴也乱。这就需要你平常多做练习了，锻炼自己的逻辑思维能力，先将脑子里的东西弄清楚。举个例子，找你身边的一件事情，然后你将整件事情分为几个关键点列在纸上，并用箭头标示出来彼此之间的联系、转折关系等。一开始，你会发现你列的关键点杂乱无章，整张纸看上去像是鬼画符，但是锻炼过几次后，你就可以将其以最简单、最高效的模式展示出来了。这将有助于你整合自己的思维，让你的思路更加清晰。渐渐地，你就不用在纸上演示了，只需要在脑子里过一下就可以了。

脑子清楚后，你在询问时，就要注意询问的各个环节了，提前做好准备，也不至于思路不清晰。

首先，要想好如何有一个清晰明了、引人入胜的开场。这就需要你提前想好开场白，最好能多想几种模式，访问时随机应变，适合哪种模式就选择哪种。

其次，询问的问题也要有条理。关于询问的问题，你可以按照由浅到深、由简到繁、由易到难的顺序提问，问完一个问题，弄明白对方的意思后再询问下一个问题。在询问这些问题时最好也能用词简单明了一点，让对方一听就知道你在说什么。

再次，要想到出现突发状况时的应对措施。比如出现了冷场，或者是对方突然有事要离开等，你要做好应对措施——是换个话题让对方不那么尴尬，还是说点幽默笑话缓解一下？这都需要你勇敢面对并及时处理，让询问继续下去。

最后，关于结束语也要知道该说什么。当一场询问结束时，你可以表达自己的感谢，感谢对方让自己从这一番谈话中学到了很多知识。如果你还想继续与对方交谈的话，可以约好下次谈话的时间，方便你们接下来的联系和接触。

另外，你还要注意，询问属于口头表达的一种，用词不要那么正式、严谨，而且应该尽量将一些极端化的措辞转化成比较舒缓的语言，比如“最喜欢……最讨厌……绝不会”等词语能少说就少说，以免“说出去的话”再也收不回来。

点睛

你在询问别人问题之前，最好能想好询问的各个环节，将自己的思路整理一下，思考一下自己即将询问的内容是否足够清晰和有条理。如此一来，才能避免出现差错，才能让对方听得明白，才能让这场询问顺利、有趣地进行下去，让你收获更多信息。

6. 做好准备工作，询问之前先换位思考

在真人秀节目《变形计》中，城市里的孩子和偏远地区的孩子互换身份，山里的孩子需要来到大城市生活一段时间。山里的孩子大部分都是第一次出远门，也是第一次来到陌生的大都市、陌生的家庭，所以他们很不适应。于是，城市里的家庭为了和孩子之间有一个良好的交流、为了让这些孩子自在一点，就在他们到来之前先了解了一些他们的信息，根据他们家乡的习俗来安排他们的饮食、生活。

等到山里的孩子见到城市的家长时，城市家长们知道孩子们刚下飞机，会很体贴地问他们晕不晕机、饿不饿，然后带孩子们一起去吃饭。这些家长们也知道孩子

们刚来到陌生的地方，见到陌生的人可能会有些拘束，于是就用一种非常平等自由的态度和对方聊天，还会特意寻找与山里孩子有关的话题，三言两语就逗得那些孩子们放松下来，彼此之间的相处也没有那么拘束了。

由此可见，在询问之前，你应该事先做好准备，并尝试站在对方的角度思考问题，这样才能更加了解对方的心理活动，让你更加掌握对方的心理变化，从而根据对方的反应去选择询问的问题种类和方法，不至于让彼此聊天的场面尴尬。

既然说到了要站在对方的角度思考问题，那就是要求大家换位思考了。孔子说过，“己所不欲，勿施于人”，就是这个意思。换位思考是你学会做人做事、走进对方心灵城堡的第一步，如此一来，你才知道你询问的问题有没有让对方难过、有没有让对方不知所措、有没有触及什么禁忌、有没有什么事情是对方不希望发生的。

但是，什么才是换位思考呢？换句话说，在询问中，你怎么做才是换位思考呢？

所谓换位思考，就是站在对方的角度和立场思考问题、设身处地为他人着想，并做到理解至上。所以，在询问中，为了做到换位思考，你要做到以下几点。

第一，学会站在对方的角度来制定问题，最好能制定一些对方感兴趣的问题。不同的人由于生活环境不一样，想法会不一样。如果你实在无法理解对方的所作所为，不妨闭眼冥想一下——如果你处于对方的立场，你会怎么做、怎么想，从而体会对方的心情和心理，问出让对方满意的好问题。

第二，与对方真诚相待。虽然你询问问题是为了获得自己想要的答案，但你要知道，虽然你可以用一些询问的小技巧套对方的话、让对方吐露真言，但是不能欺骗对方。不然一旦暴露，就会让彼此之间的信任崩塌。所以，一定要真诚相待，才会被对方接纳，你也才会认识到一个更加真实的对方。

第三，多与对方沟通，了解对方的处境、性格。只有通过沟通、交流才能让你更加了解对方，知道对方的性格如何、处境如何，这样一来，你才能更好地站在对方的角度、以更加理性的角度询问对方，并思考、鉴别对方的答案是否准确。

大千世界，芸芸众生，你想要得到什么样的效果，就需要付出同等的努力和汗水，以真心换真心。所以，如果你在与人交流的时候能学会换个角度看问题、学会换位思考，那么生活中就会多一些理解，少许多烦恼。

点睛

在做准备工作时，不如先与对方进行一下换位思考，这样，你会产生同理心，可以找到对方的需求，也能更好地理解别人的观点，让你的询问工作不那么艰难。

7. 事先想好询问中可能发生的事

常言道，对任何事都要“做最好的准备，做最坏的打算”。你在询问别人问题时也应该如此，做好询问之前的准备，同时也准备好如何应对询问中可能发生的事情。那么，在询问中很有可能发生哪些事情呢？

第一，对方对你的问题表现得兴趣索然。

现如今，很多人都喜欢诉说，却不会倾听。一听别人说话就抱着手机玩，敷衍地“嗯嗯”两声，让询问的人很是恼火。不过，你先别生气，试着从自己身上找找原因。对方不想听，是不是因为你的问题太过无趣呢？所以，你应该通过寻找一些对方感兴趣的问题吸引其注意力，再从对方的回答中分析其中的潜在意味。

第二，对方听你问到一半，就不想听了。

这有两种可能，一种是对方的原因，比如对方有其他紧急的事情要做，那你应该大度地让对方先去忙自己的事情，然后约定好下一次询问的时间。另一种则是你的原因，是不是因为你的问题太多了呢？如果你在询问中准备了太多问题，对方一直回答也是很累的；而且，当你的问题接连不断地从口中吐出来，就会给对方一种他正在被你“审问”的错觉。所以，为了避免对方觉得你问的问题太多，你可以适当地陈述一下自己的观点，积极回应对方。

第三，询问中突然冷场、沉默了。

冷场、尴尬、沉默是一场谈话、询问中很容易发生的事情，尤其是你和对方的第一次谈话，当你准备的问题问完后，双方就很容易陷入沉默、冷场之中。还有一种情况，就是你触到了对方的逆鳞，问到了令对方尴尬、逃避、不想回答的问题。所以，当你感觉谈话气氛不对劲的时候，最好能重新找一个欢快的、对方感兴趣的话题，消除彼此之间的不愉快，让询问继续下去。

第四，你紧张了。

想象是美好的，现实却很骨感。有的人在询问之前想得特别好："我到时候要像孟非、郭德纲一样——嘴皮子利索、妙语连珠、说得对方哈哈大笑，我还愁问不出话来吗？"结果等到真枪实刀地与人开始交谈了，你却突然紧张了，没了妙语连珠，只有支支吾吾。这样对方怎么会愿意听你说呢？所以，当你遇到这种突发状况时，第一要务就是笑，微笑！让对方看见你的赤诚之心，不忍心苛责你、拒绝你。而且，微笑也有助于缓解你的紧张。

同时，你可以放慢语速、慢慢说，给自己一些时间来组织语言，还能在心里不断地给自己打气；你的吐字要清晰一点、声音要大一点、要让对方听到你的声音；你也可以试着把对方想象成你的朋友、亲人，放下心里的不安，心平气和地与人交谈。

第五，与对方发生了争吵。

两人交谈，很容易"一言不和就开打"，尤其是当你去询问一些有争议的问题时。但你要知道，你与对方交谈是为了获取信息，而不是争论高下，也不是为了争论谁对谁错。再者说，每个人的观点也很容易有所不同，你不能因为对方跟你观点不一致，就嘲讽甚至人身攻击对方，这很容易引起争端。所以，你在准备问题的时候就不应该选择那些争议比较大的问题，即使非得谈论这些问题，你的措辞也应当缓和一点，不要那么尖锐。

第六，对方不接你的话头、不回应你的问题。

对方没有必须回答你问题的义务，不是你询问了，对方就一定要回答，所以，你也要做好对方不接你话头的打算。遇到这种情况时，你可以先分析一下对方是对人还是对事。如果是对人，那对方就是对你不满意了，你可以先想想自己有哪些得罪对方的地方，真诚地道个歉，平息对方的怒火；如果是对事，那么很有可能你的问题是对方的禁区，或者是对方不能说的秘密，那么，你可以换个方式去询问，比如先和对方分享你的感受、经历等，引起对方的话头，然后通过旁敲侧击等方法，将话题引到你要询问的问题上面。

总之，在询问之前就做好准备，才能遇事不慌张、遇事不怕事，让你的询问之旅平平坦坦地进行下去。

点睛

询问技巧不是一成不变的，而是可以提升和改变的。在询问之前，你应该先了解对方的禁忌是什么，以及对方对什么感兴趣、对什么不感兴趣，遇到突发状况后应该怎么做，等等。做好了万全的准备，你就可以“兵来将挡，水来土掩”了。

8. 在心里多多模拟询问的场景

明星们在参加春晚表演的时候，会进行无数次的彩排、演练，以免中间出现意外，影响表演效果。那么，你在询问别人问题之前，是否有在心中排练过你接下来的询问过程呢？有人会说，只要在心里准备一下要问的问题就可以了，怎么还要排练整个过程呢？你永远不知道下一秒会发生什么，排练了也没什么用吧？

万事预则立，不预则废。正是因为未来发生的事情千变万化、不可预测，你才要在心中多多模拟询问时可能出现的场景，这样你在遇到突发状况时才可以应对自如。

情景1　开放的场景

很多时候，人们会选择在一个开放的场景中询问别人问题。开放场景的优点在于环境不封闭、人流量大，选择询问对象时比较自由；缺点在于无法询问一些私密问题。此时如果不得不询问一些比较隐私的问题，比如街头调查对方的恋爱史，就可以选择迂回的询问方式。而且，因为询问者主动性的不同（自愿或被迫），询问时的情况也不一样。

举个例子，当你主动询问别人问题时，比如你想做一个社会调查，那么在一个开放的场景中就非常合适，因为那里过往的人非常多，而且从年龄、性别、职业等方面看，形形色色的人都有，非常适合做社会调查；如果是被动询问，比如说你因为迷路了不得不找人问路，那么，就需要你事先在心里想好要怎么问对方、根据对方的年龄不同是否要加敬语、如何询问得更清楚、如果对方也无法回答应该怎么办等等。

情景 2　封闭的场景

封闭的场景的选择就多了，可以是商场、餐厅，也可以是办公室、家中。尽管这些都是封闭的场景，但是因为这些场景的功能不一样，所以也要事先在心里模拟一下在这些场景中的询问过程。

如果是在商场、餐厅、咖啡厅等地方，虽然看似处于一个封闭的“盒子”中，但是里面的人还是很多。而且，因为这样的环境都比较放松、自由，所以，如果你计划选择在这样的场景中询问别人问题，那么，你的问题不应该是商业机密之类的问题，而可以是人情联络、家长里短，而且，你邀请询问的对象也应是与你的关系比较近的人，或者是你计划与对方开展工作以外关系的人。

如果是在办公室这种地方，那么，你即将询问的问题肯定是与工作有关的事情，而你的询问对象一般是上司、同事、下属或者是客户。那么，你在询问对方时，就需要提前做好准备，比如说询问的问题、如何询问等。办公室环境特殊，你在询问时一定要注意氛围，可以严谨但不要严肃，可以正式但不要冷冰冰的，否则很容易让询问变成质问、责问、拷问。

如果是在家中，那么，要么是你邀请别人上门，要么是你去别人家拜访。如果是别人上门，那你一定要在尽好地主之谊的情况下友善、温和地询问对方，给对方一个舒适、自在的环境；如果是你上门拜访别人，那么礼数就要周到，但也不必过于拘谨。比如，提前想想别人喜欢什么；或者是如何将话题引到对方感兴趣的点上，借此提出你的问题。

情景3　媒介询问

顾名思义，就是通过电话、网络等方式进行询问的场景。因为你是通过一个媒介与对方对话，看不见彼此，那么，这对于双方而言是一个安全度比较高的聊天环境，双方的戒备心比较少，可以询问一些出其不意或见面时难以开口的问题。不过，这种场景的缺点在于你无法观察对方的面部表情，也无法让对方在第一时间给出答案。所以，如果对方不予回答，你是变换方法继续询问，还是绕开话题，就要视情况而定了；如果对方推迟了很久才回答，那么，这个答案有可能是对方经过深思熟虑后的结果，其真实性有待考察。

除了上述情景外，你在与人聊天、询问别人时还可能会遇到各种各样的情况，所以，你可以提前在脑海中多想一下、模拟一下，不至于让自己到时候慌了头脑、尽费口舌。

点睛

在询问别人、与人谈话时，会出现各种各样的状况，所以需要你调动自己所有的语言表达手段，综合当时的环境以及询问场景，镇定、巧妙地应对任何突发性询问困境。

9. 做好练习，杜绝坏问题

在雅典奥运会中，女排比赛马上就要开始了，央视的一位记者前去采访运动员赵蕊蕊："听说你前段时间受伤了，现在能告诉全国观众你的伤好到什么程度了吗？"

赵蕊蕊回答说："能蹦了。"

记者接着问："那你能不能对着镜头给我们蹦两下呢？"

赵蕊蕊听完这个问题很无语，尴尬地沉默了一会儿，才说道："我都蹦一天了，你还让我蹦！"说完就头也不回地离开了。

还有一次，田径运动员刘青拿到了女子800米的冠军。赛后，一位记者竟然是这么访问刘青的："刘青，你这次800米比赛获得了冠军，这应该是靠你的实力赢下来的吧？"这位记者刚说完，刘青和一旁的教练脸色瞬间铁青，什么话都没说就走开了。

上面列举的例子就是典型的坏问题，让被询问者糟心，更让你的询问一败涂地。所以你在询问之前，就应做好练习和准备，杜绝坏问题。那么，到底什么样的问题算得上是坏问题呢？

与好问题不同的是，坏问题的动机不纯，询问的都是一些饱含争议的、令人尴尬的、让人无法接话的问题。很多坏问题看似义正词严，实际上却将问题引向了一个"流氓逻辑"当中——询问问题的动机简单粗暴，却还让对方自证清白。而且，更重要的是，如果被询问者接了这个问题，就进入了设计好的圈套中，注定输了。

具体来看，坏问题主要有以下几种类型。

第一种，伪问题。最常见的"伪问题"就是"反问句"。反问句一般都是"你觉得这种做法正确吗？""你有没有考虑过我的感受？"等句型，而这些反问句在提出的同时就已经预设了一个负面的答案在里面，也蕴含了询问者的负面情绪，比如轻视、愤怒等。因此，如果你使用反问句问问题，得到的答案多半是对方对你的反击，或者是沉默。

第二种，"设问"。设问句看似在提出问题，询问别人，实际上是自问自答、明知故问，有一种以请教之名行指教之实的感觉。而且，使用设问句的重点在于自我表达，而不是让对方表达或陈述观点，如此，你就不能从对方身上获得对方掌握的信息了。

第三种，假设的问题。一般以"假如……"开头，探讨的是一些客观上不可能存在的问题。比如，"假如时光能倒流，你想回到哪个时间段"，因为这个问题中所预设的"时光倒流"根本不存在，对方也只好给你一个虚假的答案。

那么，为什么有些人会问出坏问题呢？就是因为他想当然地认为对方与自己掌握的信息是同步的。然而，事实却是相反的。大多数情况下，问答双方不仅存在着严重的信息不同步的问题，甚至关于基本常识的认知也存在着严重的落差。比如，对于汉语言专业的人来说，理解一些生僻字的发音和词义是很正常的事情，但是，对于一个美术专业的人来说，一些画画的基本技巧才是常识。

再说了，如果对方与你的信息真的同步的话，你知道的对方也知道，那还有问对方的必要吗？所以，当你去询问别人问题时，一定要时刻提醒自己：对方与你掌握的信息是不对称的。而你为了让彼此的沟通更加顺畅，需要通过一些问题去试探对方所掌握的信息，并据此提出你之后要询问的问题，确保双方在信息对称的情境下进行沟通。

因此，大家不妨扪心自问一下：你是不是真诚地想要获知一个信息？如果是的话，那就在询问之前多做练习，设计一些好的问题，提高自己的询问技巧。

点睛

要想杜绝坏问题，就要多用“What，Who，When，Where，How”等开放式的问题作为开头。同时要注意，不要在问题中预设立场或附带强烈而隐蔽的指向性，这很容易激发对方的负面情绪，导致回答不够客观。

10. 知己知彼，问出好问题

在一次足球比赛中，穆里尼奥带着国际米兰队来我国国家体育场（鸟巢）比赛。不幸的是，穆里尼奥的队伍输给了拉齐奥的队伍。穆里尼奥在赛后的新闻发布会上，向记者抱怨鸟巢的草皮太差了，所以才影响了国际米兰的正常发挥。结果，有位央视的体育记者就问穆里尼奥：“都是同等的鸟巢场地条件，为什么拉齐奥却取得了胜利？”

穆里尼奥在听到这个问题后，回答说：“我终于知道中国足球为什么不行了！因为你们都不大懂得足球，所以你们的足球记者才会提出这么业余的问题。我想，如果有一天你们的记者会问出一个关于足球的好问题了，你们中国人的足球就有可能胜利了。”

在这个案例中，穆里尼奥为什么说中国的足球记者不会问问题呢？因为中国的足球记者不了解足球，不了解穆里尼奥的国际米兰球队，也不了解穆里尼奥的对手拉齐奥，所以才问出了一个“不叫问题的问题”。

何谓“不叫问题的问题”呢？关于问题，很多人有个误区，认为随便一个疑问句就能叫作问题。其实，一个“叫问题的问题”、一个好的问题，应该满足以下几个条件。

提出来的问题会引起大家的关注；提出来的问题要建立在对被询问者了解的基础上；提出来的问题应该具体、简短、切合被询问者的身份与实际；提出来的问题应该具有挑战性，能让被询问者思考后说出一个精彩的答复；提出来的问题应该具有创造性，不是别人都能想到的“地摊货”；提出来的问题应该是被询问者了解的、知道的、有具体答案的；提出来的问题不应该带“最”字，否则容易收获一些虚假的答案；提出来的问题应该具有悬念；提问题时应该尽量用小的话题引出大的内容。

所以，大家能看出来，如果你想要提出一个好问题，就需要你对被询问者有所了解，做到知己知彼。为什么呢？因为只有如此，你才能了解对方、知道如何发问能获得有用的信息，也能问出一些令对方赞叹的问题。不是都说“最了解你的人是你的对手”吗？如果你连即将要询问的对象都不了解，如果你连本该掌握的常识都没掌握，就跑去询问对方，那么，你只会暴露你的无知，让对方笑话。

那么，如何做到知己知彼呢？或者说，如何根据知己知彼来提出好的问题呢？

一方面，知己。所谓知己，就是要客观、正确地了解自己。人很容易看不清楚自己，有时也没有那么大的勇气去面对真实的自己，所以，你需要拾起勇气，正确地看待自己，知道自己的优点是什么、缺点是什么。这样的话，你在制定问题的时候，就可以充分发挥自己的长处、避开自己的缺点，尽量让自己有一场满意的询问过程。

譬如说，有的人逻辑能力很强，但是为人过于严谨了一些，那么在询问的时候，就可以让自己的语言、语气不要那么严肃，提出的问题最好也能修饰一下，变得活泼一点。不然你询问别人时弄得跟“修罗场”一样，对方还不被你吓跑了？而有的人则逻辑能力不行，但是非常善于察言观色，也能调动起气氛，那么，这样的人在询问时就可以事先厘清思路，尽量提出一些有逻辑、有条理的问题。

另一方面，知彼。所谓知彼就很容易了解了，就是了解对方。你可以事先收集一些对方的资料，了解对方的喜好、感兴趣的东西、业绩等，并从中分析对方的性格，制定与之相配的问题。比如，知道如何发问会更加有利于对方理解和回答、知道怎么问会吸引对方的注意力、知道怎么问对方会透露更多消息，等等。

总之，你唯有知己知彼了，才能真的百战不殆，才能在人际交往中有个好人缘。

点睛

其实，人与人之间的交流，就是自己与心灵之间的对话。我们只有与自己沟通好，才能与别人沟通好，才能在开口之前了解别人是怎么想的，才能据此知道自己该准备些什么，知道见到他们之后该说些什么、做些什么。

11. 有效询问的三原则

为什么你总是觉得自己得不到想要的答案？你问了别人 100 个问题，但事后总结出来，真正对你有帮助的答案还不到 10 个，你为此而苦恼，认为自己不是一个会问问题的人。

其实，这个问题并不在于你是个什么样的人，而在于你的问题是否有效。你觉得自己已经努力在询问了，但却得不到想要的效果，这很可能就是因为你的询问都是无效的——你一直在做无用功。

《金字塔原理》是美国著名学者芭芭拉·明托的一本关于沟通与询问的书籍。

在这本书中，明托提出了一个观点，那就是要想取得所预期的询问效果，就必须让自己的询问变得高效。如何做到这一点呢？明托认为，有效询问的第一个原则是目的性。

你为什么要与他人交往？为什么要与他人交谈？为什么要问他人问题？这几个问题的“为什么”就是目的性。目的性是大多数高效询问所共同具备的，一位成功人士这样说：“在我开始询问之前，我必须明确我这次询问的目的，并且将这种目的性贯彻到特定的某些话当中，以便能够将我的观点传达给对方，让他们明白我想要获得什么样的答案，这样对方才能给出最直接、对我最有帮助的答案。”

有效询问的第二个原则是同一性。所谓同一性，指的是你必须与询问对象有相同的观点，或者双方至少在某些方面是一致的。

在开展询问时，你必须给对方一个为什么要耐着性子听你说话，并且还要回答你的理由。大多数询问都不是在强迫的条件下展开的，即便你勉强别人听你询问，效果也绝不会好，所以为了实现询问的有效性，你必须确保对方乐于接受你的询问。

譬如一个企业的管理者在开展对员工的询问时想通过询问获知员工对工作的真实想法，并让员工更加努力地为自己工作。在询问过程中，尽管他把话都说尽了，但员工一句话也没有听进去，最终这位管理者生气了，他觉得面前的员工是一个无法与之沟通的人，最后愤怒地赶走了员工。

那么，这个员工是真的无法沟通吗？这个企业管理者所谓的沟通和询问，完全是站在自己的角度对员工提要求，他并没有找到与员工同样的愿景。他要求员工回答对公司的看法，并询问员工要怎样才可以去努力地工作，但员工内心的需求是什么呢？他却没有在询问中表现出来，这表示他并不关心。在这样的情况下，询问和沟通自然是无效的。但如果他能够让自己站在和员工同样的位置，询问员工内心中真实的想法，然后将双方的目的中和一下，再统一在一起，那么效果就完全不一样了。

你期望用言语询问别人，并得到你想要的答案，那么你首先要确定这样做对对方也有好处，否则对方一定不愿意回答。当你试图将某个观念灌输给他人的时候，你也要先确定这个观念能够被对方所接受，否则你所做的一切都只是无用功而已。

有效询问的第三个原则是平等性，即询问必须建立在对等的基础上。大多数询问都不是命令，如果有命令的强迫力，你自然也就不需要什么询问的技巧了。但与你沟通的人中总会有你无法强迫的，所以，我们就必须和对方站在同一个层面上。

有些人会认为，因为人们的身份、阶层、性格、信仰、教育背景不同，询问是无法实现真正的对等的。但这些只不过是身份的不对等而已，这里强调的是对等沟通，指的是双方在心态和解读上应该是对等的。

譬如，有效的询问必然是双方互相交流、互相理解的，但如果有一方认为自己完全不需要与对方交流、自己完全不需要理解对方，那么询问也就没有存在的必要，他直接向对方下达命令就可以了。所以，为了保证询问的有效性，双方必须站在一个对等的平台上。

目的性、同一性和平等性是保障询问有效的三个原则，缺一不可。

点睛

在你张开嘴想要询问的同时，在心中就要运用以这三种原则为询问标准的思维模式，当目的性、同一性和平等性有效建立，任何你想要的答案都会轻松易得。

12. 从失败的提问中吸取教训

有一名记者，她就曾因为多次失败的询问、访问而被人们吐槽。当时，这名记者采访了某知名运动员，大家先来看看她是如何以其著名的“4＋4＋1＝9”的提问方式对该知名运动员展开一场令人无语的采访的。

“你比赛服的号码是441，4＋4＋1等于9，今天你又在第9道，9是不是你的幸运数字？”

“你在比赛前是不是对自己特别有信心？”

“经常参加国际大赛对提高你的心理素质是不是非常有帮助？”

“你的教练是不是给了你很大的帮助？”

这名记者在询问了一系列令人无法回答、她自己也没有收获多少有用信息的问题后，就接着去询问某知名运动员的队友。谁曾想，这名记者是这样问的：“你觉得和某知名运动员在同一个时代是不是很悲哀？”她甚至在赛后问某知名运动员的队友：“刚才的比赛你尽力了吗？”

看到这些令人无语的问题，也怪不得观众要生气了。如果被询问者面对的都是这样的问题，他们扭头就走就已经是在给对方面子了。

既然知道了这些都是失败的询问，那么，你就应该从失败的询问中总结经验，以免下次再犯这样的错误。要想有成功的询问，应做到以下几点。

第一，在询问之前做好准备，提前准备一些具有创造性的问题。有些人在与人聊天时，不论是开场还是询问，问题基本一模一样，甚至还有询问同一个人，前后几次的问题都一样的情况。这实在是太不专业了，也太对不起“询问”二字了。前后询问的问题几乎一模一样，不仅会让觉得烦，而且会让那些三番五次被提问的人怎么想？“这人怎么老问我一样的问题？”“我之前不是回答过这个问题了吗？难道他都忘了？”“这也太不尊重人了吧！”有谁想被这样的人询问呢？估计看见就避之不及吧！

第二，在询问对方时，语言要避免犀利。有些人在询问时只想得到答案，却不顾及对方的心情，问出的问题难免会太过尖锐、戳中对方的软肋，让对方难堪。还有些人语言犀利，太过咄咄逼人，引起对方不快。

第三，在询问对方时，避免过多的开放性问题。有些人觉得问一些开放性的问题，对方比较容易回答，其实不是这样的。开放性的问题一般适用于开场白，等你正式开始询问对方了，就应该询问一些具体的问题，这样对方才知道从哪个方面回答你。如果继续问“你觉得如何？”这一类的开放式问题，其实你是在将询问的主动权交给对方，这样不利于你获得自己想要的信息。而且，如果对方不接你的问题，你们之间的问答节奏就会变慢，甚至冷场，不利于交流。

第四，当询问对象不配合时，应思考原因。有时候，询问对象的不配合也会让你的询问失败。这就需要你总结一下被询问者为何不配合你了。如果是对方的原因，比如有其他事情打扰、身体不舒服、心情不好等，那你可以等对方方便的时候再来询问；如果是你自己的原因，比如说询问的问题对方不喜欢，或者是自己的询问技术不够好、没把握好询问的节奏，或者是询问的都是一些不痛不痒的问题，让对方无法配合你回答等，那你就只能改变一下话题，或者提升一下自己的询问技巧。

第五，询问态度要好。每个人都是平等的，你是去“询问”而不是去“审问”，所以，千万不能自以为是，摆出一副居高临下、盛气凌人的训斥模样，否则对方会感觉受到了伤害，也会开始防备你。这样的话，你的询问怎么可能成功呢？

所以，要想人际交往更加顺畅、要想让你的询问有问有答、要想让你的询问不再失败，你就一定要做到以上几点。

在询问中，一定要善于反思，总结经验，只有这样，沟通才能更有效果，人际交往才能更加顺畅。

Chapter 2

这么问，才不会招人烦

13. 询问之前，先听听对方怎么说

孟非主持《非诚勿扰》这么多年，深受男女老少们喜爱，被人尊称一声“孟爷爷”。孟飞为什么会得到这么多观众的喜爱呢？主要是因为他会说话，主持的节目让嘉宾舒服，让观众看得也舒服。

孟非主持的相亲节目《非诚勿扰》里面有24位女嘉宾，人一多，场面很容易乱。尤其当上来一位内外条件俱佳的男嘉宾的时候，或者是谈论一些有争议的问题的时候，这群女嘉宾就好像要把男嘉宾吞了一样，急着发问，却不给男嘉宾说话的机会。这时候，孟非说的最多的几句话就是“关于这个问题，我们先来听听这位男嘉宾怎么说”“你们不能一直问，好歹让人家说几句”“这位男嘉宾，你对于××女嘉宾说的问题怎么看？有什么观点？”。

孟非之所以要让男嘉宾多说几句话，是因为他深谙说话的技巧。如果女嘉宾们一味地发问，就有可能逼急男嘉宾，让男嘉宾说出一些言不由衷的话；而且，说得越多，透露的信息也就越多，这样反而比干巴巴地询问男嘉宾的效果要来得好。再说了，人都有表达、倾诉的欲望，如果一直让他处于被动的回答过程中，却不让他说话表达自己，也不利于整个谈话的顺利进行。所以，我们不妨学习一下孟非的说话之道——在询问之前，先听听对方怎么说。

能够耐心听别人说话是一种素养，是对他人尊重和喜欢的表现，可是很多人都学不会。有人不屑一顾，心想听别人说话谁不会，这还用学吗？当然了！倾听并不是一个简单的听与不听的问题，里面的学问深着呢。

仔细回想一下，在你的生活中，大家都是怎么听你说话的。是时不时点头附和、

用眼神或语言鼓舞你继续说下去？还是一脸漠不关心，一边玩手机一边听你说，当你问他意见时，他却还要你再重复一遍问题？如果是后者，这就是一种错误的倾听方式，你看到对方这个样子听你说话是不是会觉得自己不被重视和尊重呢？推己及人，别人也是同样的感受。因此，我们要学会倾听别人说话。

首先，态度要端正、神情要专注。认真听别人说话是对他人的一种尊重。当对方看到你一副“我很想听，你快说”的样子时，就会更有诉说的欲望，说得自然也就更多。

其次，对方说话时，你要注视着对方。当别人说话时，你通常应该双眼注视着他，或者是适当地看看对方的面部，而不是东张西望，或者是玩弄其他东西。

再次，时不时回应对方。用心去听并不是让你一言不发，它还需要你在适当的时候用语言来激发对方继续讲下去。这个时候，你就可以将自己计划询问的问题隐藏在这些回应中，将话题的方向朝着自己感兴趣的方向引。

最后，既要倾听，也要思考。对你而言，整个倾听的过程中最重要的是你收获了什么，不是让你真的去做一个树洞、垃圾桶。所以，就需要你一边听一边思考对方的话，看看其话里有几分真、几分假，思考里面隐含的信息是什么，有时候这样做要比直接询问的效果更好。

无声的语言别人往往最爱听。与其喋喋不休招人烦，不如试着做一个善于倾听的人，听听别人的观点和看法，听听别人口中的世界和真相。

点睛

人之所以长两只耳朵、一张嘴，就是让我们少说多听。在现实生活中，我们只需要竖起两耳听，就能解决很多问题。

14. 放下身段来倾听，态度是第一位的

从《情感方程式》到《超级访问》，李静、戴军这一对搭档主持创造了一种独特的模式，他们不耍手段，不玩技巧，不洒“狗血”，完全依靠平实的访问风格，让一个个嘉宾对他们打开心扉，无论是在娱乐圈历练得“百毒不侵”的明星，还是已经习惯于掩饰情感的普通嘉宾，面对他们的询问时，都愿意吐露心声。

李静和戴军是如何做到这一点的呢？说到底，其实就是用真诚的态度来打动询问对象。

有一次，李静与戴军一起接受某网站的记者访问，记者问道：“大家了解《超级访问》这个节目，我身边的人常说起，这节目给大家最大的印象，就是每一期来到这个节目的嘉宾都要流泪，这是不是两位的某种预谋？”

戴军立马抢先答道：“没有，每个人都有一个死穴，一点到他就瘫倒了，有些嘉宾说有些问题不想说，我们也就不问了，结果到后来他说把我们当朋友，所以就自然地说出来了。”

李静听完戴军的话，也回答道：“我们追求的是一种感动，而不是流泪，但是情到深处很难克制，这说明你打动得非常好。但是如果别人的父母去世，人家哭完以后会很难受，我们就会刻意回避一些伤感的问题，提一些很感动的问题，这是本质的区别。”

在谈到自己主持节目时的一些状态时，李静坦然道：“现在人们好像已经习惯了掩饰自己，但是有的时候，如果你让他在某一天的下午去倾诉，那么这对他来讲是非常痛快的。对我们来讲，有的时候大家觉得在这个节目中戴军特脆弱，这是因为虽然我们可能跟他（嘉宾）经历的事情不一样，但是当时的感觉是一样的——我们有时候知道这个人的故事了，也知道没必要在现场流泪，但是进入那个状态后就克制不了自己，是很感性的。”

李静和戴军的一个重要的访谈风格就是“不抢话”，很多主持人为了节目的效果，都喜欢用抢话、插话的方式来引导访问对象，让对方跟着自己的思路走。但李

静和戴军却是例外，在节目里，他们总是想办法让访问对象说自己想说的话，即便节目效果不好，两个人也依然坚持不打断，甚至会想办法帮助访问对象倾诉。

有一次《超级访问》邀请相声艺人郭德纲做嘉宾，在访谈当中，郭德纲回忆当年德云社的创业艰辛，话里话外都透露出对妻子的愧疚和感激，可能想要表达对妻子的感谢，李静于是故意将话题引到这方面，询问郭德纲："当时你的妻子对你有没有意见呢？"借着这个问题，郭德纲说了好多，后来他意识到自己一直在说这个，可能有点尴尬，李静还特意接上这个话题，让郭德纲把想说的都说完。

大多数询问都发生在人与人平等的状态下。在这种状态下，我们想要让被询问者对我们敞开心扉，就要懂得俯下身来倾听他们内心的声音，即便这种声音并非我们想要的，但让对方痛快倾诉，对方也必然会对询问者心生感激，于是彼此之间的关系就截然不同了，在这种前提下进行的询问便会事半功倍。

所以，询问者一定要注意自己的态度，要让自己变得亲切平和、坦然真诚，如果总是一副盛气凌人的样子，或者话里话外都给被询问者设置圈套，那么询问就会变成质问，效果就会大打折扣。

点睛

只有当我们处在平等的位置上，既没有盛气凌人也没有伏低做小时，才能让对方在心理层面与你保持在同一水平上。态度把握得好，常常能达到事半功倍的效果。

15. 聆听时，请正视他人的眼睛

Lisa 是一个很会交谈的人，她身边总是有很多好朋友，而这些好朋友都喜欢和她交谈。当问 Lisa 的这些朋友为什么喜欢和 Lisa 做朋友时，她的好朋友们都很吃惊："为什么？当然是因为她很会聊天啊！"

可是，据有心人观察，Lisa 在和她的朋友聊天时很少说话，这也算"会聊天"吗？

“当然算！你不懂，跟Lisa聊天，哪怕是‘我今天去倒了什么垃圾’‘我脸上长了两个大痘痘’的废话，Lisa也会用她那如水般的双眸看着你，听你在那儿滔滔不绝，还会时不时回应你几句，让你觉得自己就是她的全世界。这种感觉超棒的！”

当问Lisa怎么能有这么大的耐心听别人讲话的时候，Lisa给出了这样的答案：“那是因为我知道她们要什么——很多人都喜欢说自己的事情，这时候她们只需要一个专注的倾听者。不过，我虽然在看着她们的眼睛，但她们可不知道我在想什么。或许我会想‘这个人的嘴巴一直吧嗒吧嗒在动，都不会累哦’，或许我会想‘她讲的那个爱得死去活来的前男友不是长得很丑吗’，或许我会想‘这个人头上的饰品挺好看的，我正好也需要更换饰品了，一会儿去逛逛街吧’。总之，我在想什么，她们既不知道也不关心，而我只需要看着她们的眼睛、专心聆听她们讲话，就能轻轻松松得到我想要的信息、朋友，何乐而不为呢？”

大家听完Lisa的话，有没有觉得这个女人心机深重？怎么可以这么欺骗她的朋友们？其实，Lisa并没有做错什么，她只是深谙双方交谈时的道理，明白倾听聆听的重要性，扮演了一个非常“上道”的朋友而已。

为什么人在聆听别人讲话时，要正视他人的眼睛呢？因为用眼睛适当地看着对方，能让对方有一种受到尊重、被人重视的感觉。任何人都希望自己被人重视，都希望自己是重要的，所以，在这种目光的注视下，对方不由自主就会选择相信，从而说出更多的话，询问者也能得到更多的信息。而且，有时候对方口头说的话不一定完全是真的，但眼睛是一个人心灵的窗户，我们通过观察他眼部的细微动作，就能发现他内心的情感、领悟他内心的活动，知道他究竟想表达什么意思。

如果对方在说一件事情时，你却在仰望天花板或左顾右盼，就会让对方觉得自己不被尊重，感觉你对他的话题不感兴趣，那对方就没有讲下去的动力和意愿了。这样的话，你怎么能得到更多的消息呢？别人甚至从此把你拉入“黑名单”也不一定呢！

不过，即使是看着对方的眼睛，也要注意“适当”。让你在聆听时看着对方的眼睛，不是说要眨也不眨地盯着对方看。你一直盯着对方不仅难看，而且，对方是个人，又不是雕塑，他也是会尴尬的。说不定对方会想：“天呐！他为什么一直看着我，难道我脸上有东西？我的妆没化好？”所以，“看”也是有很多学问的，分为端详、检验、审视等好多种，稍不注意，就可能“看劈了”。

最好的“看”法是时不时地看对方一眼，带着感情，或是疑问，或是惊奇，或是深情，让对方知道自己在被注视着、重视着，但是又不会觉得这种目光不舒服。

点睛

在聆听别人说话时，不仅要恰如其分地注视对方，还要根据谈话的对象、内容、场合和气氛，恰当地运用眼神交流，才会有一个良好的效果。

16. 注意反馈，体察对方的感觉

东方卫视的一档访谈节目《金星秀》，因为主持人金星以辛辣犀利著称，不惧节目上的明星，经常会问出一些其他访谈节目问不出来的信息，所以有点儿内地版《康熙来了》的意思。不过，金星老师可不是单凭大胆、敢问就能得到那么多消息，其实是因为她的询问方式有技巧，会时刻注意观察嘉宾的神情，从嘉宾的反馈中调整询问策略。

有一次，闫妮去《金星秀》做女嘉宾。看了这期节目的朋友都知道，现实中的闫妮和她扮演的佟掌柜可不一样，没有那么能说会道，反而对任何事情任何人都是淡淡的。节目一开始，金星在问了几个问题后，就发现闫妮一直都是蔫蔫的，好像要睡着了一样。其他主持人可能就会觉得闫妮耍大牌，不认真和主持人交谈，但是金星不一样，她直接问闫妮：“闫妮，你是不是在生活中经常都是一种迷糊的状态，经常感觉自己在这儿，但是灵魂却不知道跑哪儿去了？”

闫妮一听金星这话就笑了，说：“对，我在生活中就是这样子。”

“对任何事情都是一种淡淡的样子，觉得其他事情有经纪人可以弄好，然后你就需要演好戏就对了？”

“啊？这你也知道。我也不知道怎么回事，除了工作的时候都特别困、想睡觉。但我背台词啊、演戏的时候却很精神。”

“观众朋友们，大家看看，闫妮这就是典型地将自己的一腔热情全都贡献给了演戏，所以她的戏才那么好，才那么受大家欢迎。”

金星这话一出来，底下的观众纷纷鼓掌，闫妮虽然直说“没有，过奖了”，但脸上却乐开了花，可知金星这番话是说到了她的心底的。接着，金星又将话题引到闫妮的女儿身上，闫妮这才好像“回魂儿”了一样，主动和金星攀谈了下去。

面对不擅长言谈的闫妮，金星能够让这场访谈顺利进行下去，打开闫妮的话匣子，就是因为金星知道，不论是询问还是倾听，都不是一个人的舞台，而是需要双方积极主动的参与。所以，就需要我们在整个询问的过程中，细心观察对方的态度、神情和感觉，并根据对方的反应作出调整。

如果你问出了一个问题，对方只回答了寥寥几字就停止了，那说明对方对这个话题不感兴趣，或者是有什么难言之隐，不想多说，这时你就要赶紧换个话题。不要因为自己问出了这个问题却没有得到一个满意的结果，就不甘心地接着问下去，这只会让询问的场面更加难堪。如果话题卡住了，那就是卡住了，暂且丢开比较好，下面有机会再绕回来就可以了。

如果当你问出某个问题时，对方的眼神、语气等身体语言发生了变化，你就要注意了。比如对方听到某个人的名字后，嘴角轻微一撇，就说明他有些讨厌或看不起这个人；如果对方听到某件事情就两眼放光，就说明他对这件事情很感兴趣；如果对方在回答的过程中，目光明澈、坚毅，就表明他对你说的这件事胸怀坦荡，而如果目光躲躲闪闪你就要小心了，要小心求证他说的是真是假。

总之，我们要根据对方的反馈，及时地用动作和语言给予回应，才能让整个询问和谈话过程高效进行。

点睛

简而言之，询问、访问、谈话等都是两个人共同参与的一个行为，需要引导者（即询问者）善于从对方的面部表情、眼神、语调、身体动作、语言本身等方面发现对方的真实意思，并作出恰当的调整和反应，让谈话愉快地进行下去。

17. 针对不同问题，找不同人回答

当你遇到一些棘手的问题时，有时候需要询问懂行的人来帮助你。但是有人发现，不是你询问了对方，对方就一定要回答你的。如果对方回绝了你的询问，或者没有说出你想要的答案，这时候你就要想想自己的询问在哪里出了差错。那么，怎样询问别人，你才能收到一个良好的效果呢？

针对不同的问题，也要找不同的人来回答。譬如，你的电脑坏了不会修，你肯定要去找一个专业修电脑的，而不是找一个做互联网运营的人来帮你。所以，我们在向别人询问时要注意以下几点。

第一，要注意对方的年龄、性别。人有男女老幼之分，不同年龄、不同性别，看问题的角度会不一样，面临的问题也不一样。如果是该由老人回答的问题，向年轻人提出那就不合适了，你也不会得到正确的答案；如果是应当向男人提出的问题，也不能叫女人来回答。

第二，要注意对方的性格。每个人都是独一无二的，性格也是各有不同。有的人比较外向，为人豪爽、直率，不论你问什么问题都"谈笑有鸿儒"，不仅能接得住，还能借这个话题畅所欲言；但是有的人性格比较内向，情绪不外露，当你问一些超过他承受范围的问题时，很可能会让他感到尴尬或是愤怒；有的人像老干部一样为人严谨，不喜欢轻浮、没有逻辑的话题，对方很可能会为你毫无逻辑的问题而抓狂；有的人则比较敏感，还有些神经质，如果你提问不当，就会让其想东想西；有的人则比较散漫，注意力不集中，如果你不能简洁明了地提问，你俩的对话就很可能跑题。

第三，要注意对方的雷区。人活在世上，会受到知识水平、生长环境的影响，有不同的人生际遇，从事不同的职业，因此，每个人的眼界不一样，看问题的方法

也不一样。所以，当你在询问对方问题时，最好能仔细观察对方、了解对方的身份，做到知己知彼，才能知道对方的短板、雷区是哪里，不至于撞到枪口上。

所以，我们提问题时要因人而异。只有这样，才能让语言发挥出它的妙处，让彼此有一个愉快的对话，让我们有所得、有所感悟。

点睛

会说话的人都知道，针对不同的对象、不同的事情，在不同的时机下，说话的方式都不一样。因此，我们要学习如何说话与沟通，并用一辈子去学习、去体验。

18. 用词尽量贴切，描述尽量精确

曾经看过一部情景剧，里面有这样一个场景令人印象深刻：

一位人事部的工作人员小陈接到了一个电话："喂！是陈 ×× 吗？我的复历表已经寄过去了，你们收到了吗？"

小陈直接被问蒙了，一头雾水，不知道对方说的是什么东西，只好问道："什么……什么复历表？还有请问，您是哪位？"

这时，电话那头的人好像才想起来自己没有自我介绍，于是说道："你不记得我了？是我啊，就上周三来咱公司面试那个穿黑色马甲的小伙子，我面试通过了！"

这下小陈更是混乱了，他心想：公司每天人来人往的，我怎么能记得住所有人的名字？但他没有将这话直接说出来，而是默默地在心里画了一个大大的"×"，然后又问道："抱歉，麻烦您跟我讲一下您的名字。"

这时对方才报过来名字，又说了一句："我已经把我的复历表寄过去了，你记得查收一下！"

小陈又听见"复历表"这三个字，不知对方寄这东西来公司干什么，还以为是对方的私事，也没多问，而是像往常一样告诉对方："× 先生，办理入职的时候，

您需要上交一份履历表，还请您有空带过来。”

对方一听，说道：“我没空啊！我之前打电话给公司的人了，他们说我把复历表寄过去也行，所以我才来问你收到没有。”

“什么，什么？”小陈彻底蒙了。

“复历表啊！就你们要我寄的那个个人复历表啊……”对方火急火燎地说道。

小陈这才明白，原来对方口中的“复历表”就是“履历表”，只不过对方将“履”字念成了“复”字。

看这个故事，明明两三句话就能结束的话题却持续了这么长时间，而且，就因为询问者将一个字弄错了，就造成了大误解，闹出了大笑话。

很多人看完可能会哈哈大笑，心想世界上怎么会有这么傻的人，话说不清、字也认不全。俗话说“艺术高于现实”，但毕竟艺术也源于现实，所以，即使现实生活中可能没有这么夸张，但与上述例子中类似的事情却是真实存在的，而且还不少。很多人因话说不清、意思表达不明白，给别人增添了麻烦。要知道，一字之差，谬以千里。

为什么语言的作用这么重要呢？因为如果用对了字眼，就可以打动人心，就可以将自己的观点清晰地表达出来。然而很多人不注意这一点，只想着“让对方听明白”就可以了，却不想“我说明白了吗”这个问题。

可能有人对此嗤之以鼻，认为“话不都是那么说，有什么差别呢”？同样的词语和语言，语调发生了轻微变化就可能会产生多种解读，何况其他呢？然而现在的很多人却不肯注意这一点，所以才使双方的交流出现了问题。所以，我们在询问别人问题时，用词最好贴切一点，描述尽量简洁准确一点，最好一句话就将自己的意思表达清楚。

如何让自己在询问别人的时候做到用词精确呢？第一，在询问别人时先自己考虑一下接下来要说的话，避免因口不择言而令人尴尬或闹出笑话；第二，在询问别人时可运用形象化的词语和修辞手法，令对方一听就清楚你的意思，要注意正确使用修辞方法，不然会适得其反；第三，在询问别人时一定要精简语言，能三个字概括的绝不用五个字表达。

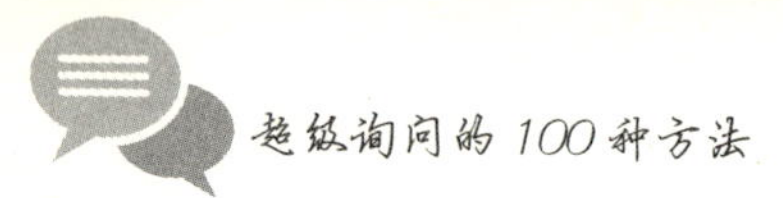

综上，询问者一定要注意自己在询问时的用语是否准确，才能快速有效地缩短询问、谈话的时间，既得到自己想要的答案，也不招人烦。

点睛

有效询问有妙招，口不择言招人烦；用词贴切无歧义，修辞手法来添花；不想对方翻白眼，描述精准时间短；做到以上这几点，轻松询问无人烦。

19. 以问题打开话头，轻松聊出好交情

对话一：

“你昨晚干什么了？”

“我去电影院了。”

“除了这个你还做别的事情了吗？”

“没有，就是去看了个电影。”

“你看的什么电影？”

“新片《使徒行者》。”

“《使徒行者》？这名字听起来很有意思，是说什么的？”

“就是讲……”

对话二：

“今天夜色挺好的。”

“嗯。”

“昨天晚上的月亮也不错，我去花园里赏花了，你做什么了？”

“我去看电影了。”

“哦，看的什么电影？”

“《使徒行者》。”

“这个电影好看吗？”

“好看。”

大家看出来了吗？同样的问话，很明显，对话一要比对话二成功得多，不仅轻松有意思，而且询问者得到的信息也更多。但是，对话二就不是这样了，这个对话弥漫着尴尬和无聊，双方都觉得无话可说，恨不得赶紧结束这个话题。

对话一为什么会比对话二效果好呢？就是因为对话一开头用的是疑问句。有人问疑问句怎么了？——一个良好的询问的开始，往往是从一个好的疑问句开始的。

首先，我们从疑问句这个句式来说。疑问句本身带有疑问语气，在交际功能中的作用主要就是提出问题、询问情况。所以，当彼此两个人不是很熟悉，或者是想交流一些问题的时候，最好的交谈模式就是一问一答。如果这时候不使用疑问句，反而用陈述句、祈使句，就会让彼此感到不舒服，使彼此尴尬。

举个例子，一对男女正在相亲，两人都是初次见面。男生看没话说挺尴尬的，就说道：“我最喜欢踢足球了，这次的欧洲杯，德国战车一定会赢的！”结果，女生都不知道德国战车是什么，别人问话她又不能不回答，只好说：“哦，我对足球不感兴趣。”这次相亲就这样结束了！

其次，再说说为什么要以一个好的疑问句作为开头。虽然说用疑问句开头是一种很好的交流方式，但是，这第一句疑问句就像是一把钥匙，问对了，就能打开对方的话匣子；如果你问错了，就会使对方无言以对，而你也成了一个“话题终结者”。所以，只有恰当地提问，才能达到顺利沟通的目的，使交谈的结果对自己有利。

还是上面那个例子，假如男生一开始没有用陈述句，而是用疑问句来说的话，可能就会有不一样的结果了。“这次的欧洲杯开始了，我觉得德国战车会赢，你觉得呢？”“我也不知道，因为我不了解足球。”“没关系，谁都是慢慢接触才了解的，还是说你觉得我特别帅，生下来就会踢足球？”“哈哈，我不是这个意思。你这个人真有意思。”看，这样不就将对话延续下来了吗？

所以，当你觉得两个人相对无言比较尴尬的时候、当你想要更了解对方的一些信息的时候、当你想要有一个轻松愉悦的谈话的时候，不妨用疑问句开头，并将疑问句层层递进下去，你将会有一场美妙的谈话。

点睛

不论是想要快速获得消息，还是想要和对方有一个愉快的谈话，或者是想多交几个好朋友，我们在谈话时，都可以用提问的形式来对话，而且提问的方式和问题都要适度。

20. 以请教的方式提问，轻松获得好人缘

孔子云："三人行，必有我师焉。"每个人都有自己的长处，当我们向对方询问时，一般都是有求于对方，或者是向别人询问对方擅长的地方。因此，我们最好能够用请教的口吻来提问，以表示自己的尊重和谦逊。

影视明星黄渤给大家的印象关键词有很多，风趣、幽默、有才华……然而，在我们看了他参加的真人秀节目《极限挑战》后，就会发现他是一个很温暖、很机智、有着生活大智慧的"坏叔叔"。黄渤在"执行任务"的过程中，经常需要询问工作人员和路人"怎么走啊""纸上写的是什么意思啊"等问题，但是，不管对象是谁，哪怕是帮助他一起完成任务的小朋友，黄渤也会用"小朋友，麻烦你回答叔叔一个问题好不好"这样的语句来说话。

在黄渤看来，只要是他去询问别人问题或寻求帮助，他就会以请教的方式来提问。黄渤从没有觉得自己是大明星，也不觉得自己高人一等，反而，他一直以一种平等、谦逊、互相尊重的态度和大家相处，所以，几期《极限挑战》下来，黄渤赢得了一大票观众的喜欢。

为什么要以请教的方式来提问呢？因为我们每个人都有好为人师的天性，都渴望得到他人的尊重和敬慕。因此，当我们用求教的方式去询问别人问题时，就比较

容易打开陌生人的心门。

比如说一些成功人士，他们想和别人分享自己的成功，站在人生导师的位置点拨他人；而一些不成功的人，如果你用请教的方式询问他们问题，就会大大满足他们的虚荣心，让他们告诉你一些你想要的信息。因此，我们可以抓住人们的这一心理，用请教的态度和口吻向一个陌生人问问题，给他们一个可以"为人师"的机会，他们就会乐于与我们交谈。

但是，现在有很多人却不懂这个道理。有些人觉得自己有些钱就了不得，钻进"钱眼"里看人；有些人觉得自己年轻就傲慢自负，看不起那些"什么也不懂"的老年人；有些人稍微作出一点儿成绩，就迫不及待地想要和别人炫耀……殊不知"满瓶不响，半瓶晃荡"，一个真正有知识有见识的人，无论有多成功、到了什么地位，在与他人的交往过程中，都会把自己的优越感摒除掉，做一个谦虚的人。

不过，即使我们为人谦虚、以请教的方式提问，也还是要注意以下三点，才能轻松获得好人缘。

如果对方是不熟悉的人，那么，我们在请教他们时，最好先收集一些与对方有关的资料，知道对方擅长的领域是什么，这样我们在打开话题的时候才好有的放矢。需要注意的是，如果对方真的是非常专业的人士或成功人士，就不要问那些浅显易懂的问题了，这就好比如果你去问马云"阿里巴巴和淘宝有什么区别"，那么在马云看来，你问的问题一点水准都没有，那你的水平也就这样了，自然不会与你深聊。所以，最好能问一些有难度、深度和新意的问题，让对方耳目一新。

如果你想和一个完全陌生的人建立联系，并请教对方一些问题，就需要根据谈话的环境来决定请教的内容了。比如说，如果你是在一个人才交流会上，就可以请教别人与举办方有关的一些信息，或者是请教别人参加这个会议有什么值得注意的地方等，这些都是很好的问题。

如果对方是一个身份地位低于你的人，或者是年龄比你小，你不能因自己身份高、年龄大，就"以大欺小"，在询问别人问题时持一种颐指气使、盛气凌人的态度。

要知道，是你在询问别人，是你在和别人建立关系，如果一开始就使用不平等的态度，那么谁会想要真心和你相交呢？

所以，在询问别人问题的时候，无论询问的内容是什么、无论对方的年龄是大是小、无论对方从事的是什么职业，我们都应该用请教的口吻和对方说话，做到谦虚谨慎、尊重他人，才能最终达到交流的目的。

以此为切入点，有意地找一些不懂的问题向陌生的成功者求助，陌生人就会觉得被重视，这会有助于接下来的交谈。如果陌生人在某一方面是专家，你就可以通过请教对方所在的行业内的专业问题来消除对方的戒心。

点睛

人不可貌相，海水不可斗量，我们不能从门缝中看人，应该以平等的态度面对每个人，用谦虚的态度和对方交谈。这样，对方能从我们这里得到尊重和愉悦，我们可以从对方那里获得知识和信息，这才是一种等价交换。

21. 抓住对方话中的重点，边听边琢磨

你给经理看了自己做的企划书，询问对方觉得你做得怎么样时，经理感叹道："年轻真好啊！你看我就想不出这样的主意。"

你不分昼夜，努力奋斗了三天三夜，完成了上司交给你的超额任务，其他同事都称赞你年轻有为，称赞你："李××，你真了不起！"

你在公司会议上就竞争对手最近的行动做了分析，获得了大家的掌声，甚至连你的领导也对你说的给予了一句中肯的评价："可能就是这样。"

……

关于上述场景，大家在工作、生活中是不是很常见？你当时是不是很开心，觉得这是你的上司、朋友在夸赞你？你是不是把这些话都当了真？如果是，那你就需

要清醒一下了。因为在这些话背后，还隐藏着其他信息。

比如“年轻真好”这句话。随着年龄的增长，年长的人确实会羡慕年轻人轻盈的身体和饱满的精力，但是，当年长的人说出这句话的时候，看似是在赞美年轻人，其实，这句话背后还隐藏着“当年我也是以这么年轻的年纪走过了那些风雨并走到了现在”的意思，有一种隐约的自豪感，同时还有一种“你们的能力是不错，但还是与我有差距，不过看你们是年轻人，还是夸夸你们吧”的意思。所以，当你们再收到“英雄出少年”之类似的赞美之词时，在高兴之余，还是应提醒自己继续努力，同时要谦虚地请求长辈的指导。

如果大家不相信“年轻真好”背后隐藏的是这个意思，那么，大家可以去看看一档真人秀节目《真正男子汉》，该节目请到了知名明星张丰毅。张丰毅虽然身材保持得很好，但是他在节目组的嘉宾中是最年长的。在一次半夜集训的跑步训练中，张丰毅虽然坚持了下来，但却累得不轻，在做后台的采访时，他就提到了“年轻真好”这句话，表达了他对年轻人的夸赞之情，但同时也表露了自己不会放弃的决心。这个我们在之后的节目中可以看出来。

所以，在听到“年轻真好”这句话的时候，一定要警惕。在接这个话头的时候，要知道年长者可能是在向你传达他“不认输”的讯号，是在暗示你要好好向他请教。所以，你这时的态度应该谦逊一点，说些谦虚的话赞美对方，让对方告诉你更多。

对于“某某真了不起”这样的话，要分情况来看。有些话是出自真心，对方是真的赞美你，不过这类人一般在平常就很仰慕你、真心待你；如果对方和你的关系一般，那么他在说出这样的话时，很大一部分是表示客套，同时也包含了“他不如你”的心态，但更多的意思却是“我以后也要这样”“我要超过你”等，是对方在表示要超越你的决心。所以，当你听到这样的话时，不要说“我觉得我也很棒”这样的话，而应该说“哪里，还需要努力”“离不开大家的帮助”等。

你发表了你的某个观点、询问对方觉得怎么样时，如果对方回答“可能是这样”，那你就要注意了。因为这句话背后的隐藏意思是“我不这样想”，说明对方不赞同你的观点。这是因为有些人担心说实话让你面上无光，但又真心不赞同你的观点，只好敷衍一句，说了一个模棱两可的答案——可能是这样。所以，当我们听到对方说这句话时，就要知道对方对你刚才的问题、言论持不赞同的意见，这时候，你可以将话语权交给对方，引导对方说出更多有用的信息，挖掘出对方的真实想法。

综上所述，在交际中，我们不仅要仔细斟酌我们要询问的问题是否得体、恰当，还要一边听对方的话，一边琢磨话里面的意思，才能抓住对方表达的重点是什么。

要想和别人愉快地交谈下去，就要抓住对方话中的重点，这需要我们仔细聆听、琢磨对方话语中的弦外之音，再配合对方的意思将谈话进行下去。

22. 懂得在关键的时候提问

中国香港的"金童玉女"——张柏芝和谢霆锋这对夫妻在离婚后，就一直处于八卦的旋涡之中。有一次，张柏芝忙完工作，带着两个儿子在超市买东西，结果被一些娱乐记者堵在了超市出口。恰巧过些日子就是小儿子的生日，于是这些记者纷纷提问，"柏芝你是否会邀请儿子的父亲霆锋来给孩子庆生？""前段时间传闻霆锋和王菲有复合的迹象，你怎么看？""听说霆锋一直没有来看过孩子，是真的吗？"等等。

最后，张柏芝和她的儿子们一句话不说，在经纪人的帮助下冲出了记者的包围圈。张柏芝之所以不回答问题，一是因为当时的环境处于超市出口，会堵塞交通，给其他行人带来不便；二是张柏芝带着孩子，而记者的很多问题不适合被孩子听到；三是因为当时是张柏芝的私人时间，她可以不回答问题。如果这些记者想要知道答案，可以等到真正采访的时候再问。

因此，要想不招别人烦，最重要的就是要懂得在关键的时候提问。时机不对，不仅你的问题无人应答，还会在对方心里被贴上“看不懂眉眼高低”的标签。那么，要想找到正确的时机就要学会察言观色，学会观察周围的环境，根据对方的处境和情况来提问。

询问问题一定要注意场合。如果对方正在和别人说话，尤其是说一些机密、重要的事情时，你的突然提问就很可能打乱别人的谈话，导致双方讨论失败；如果对方正在忙自己的事情、苦苦思索手头的方法怎么做，你的冒昧提问就很可能会打乱对方的思路，让对方灵光一闪的想法消失不见，这是让对方极为恼火的事情；如果对方正心情不好、一肚子火无处发泄，你的提问只会让对方抓到一个发泄怒火的理由，将你大骂一通都是小事，更别说会帮你解答问题了。

如果询问问题的场合不对、如果对方不欢迎你的介入，那你一定要有“眼力见儿”，或是等在旁边倾听，或是耐心等对方忙完再去说你自己的事情。那么，在具体的谈话中，如何通过察言观色把握适合提问的时机呢？或者说，什么时候才是提问的关键时刻呢？

当对方在眉飞色舞地谈论某件事情时，你只需要静静倾听就好，时不时地点头示意，或是用眼神告诉对方你对这个问题十分感兴趣，鼓励对方继续讲下去。等到对方说完后，你适时地就刚才对方的言论提出一个问题，请对方再讲解一下。等到你们之间的谈话气氛变得热烈、浓郁后，你再自然而然地将自己一开始想询问的问题带出来，不让人有所觉察。

当对方正处于心烦或愤怒的状态中、不能控制自己的情绪时，如果你有把握能疏导一下对方，就用几句话将对方的情绪疏导一下，让他慢慢平静下来。等到对方的情绪平缓后，如果你要询问的问题不会再引起他的暴怒，那你可以试着借这个问题来转移一下对方的注意力；如果你的问题会让对方怒上加怒，那你就换一个轻松、愉悦的问题，开导他一下。当然，这一切都建立在你有把握引导对方的情绪的基础上，如果你没有这个把握，就闭嘴待在一边做个不起眼的小兵好了，千万不要自己去“撞枪口”。

当对方侃侃而谈自己的观点、看法，一时却又找不到合适的词汇或例子来总结的时候，你可以试着用一两句话来概括或提醒对方，帮助对方找到合适的语言总结观点。这样不仅能尽早让对方结束原先的那个话题，对方还承了你的情，这时你再提出你要询问的问题，对方一般会好好解答，你们之间也会有个愉快的交谈过程。

还有一种情况是，对方正在思考、沉默不语。这时候，即使对方周边没有其他人在说话，你最好也不要上前，以免打断对方的思路；如果对方真的就是在无聊、发呆，那你正好能将他从无聊中解救出来，来一场快乐的谈话。当然，能否准确判断出对方到底是在思考还是在发呆，就要看你的观察够不够细致了。

总之你要清楚，无论出于何种交流目的，主动引起谈话都算得上一种“打扰”，那么，你一定要把握好时机，尽量“打扰”出一个好结果，而不是让彼此生恶。

点睛

做任何事情，要想有一个好结果，“天时、地利、人和”缺一不可，人际交往也是一样。如果对方心情不好，或者在忙其他事情，即使你再迫切地想要与对方交谈也要等一等；如果现在的环境不适合你们交谈，那就换个地方再说话；如果时机不对，那就耐心等待。

Chapter 3

用技巧“撬开”对方的嘴

23. 你如果这样问就不尴尬了

莉莉来新公司上班已经一个月了，昨天刚领到工资。但是，莉莉看着工资卡上的数字，觉得这些工资没有达到自己的预期，而且，也和来面试时人事部此前承诺的工资有所差距。因此，莉莉就想要知道别人的工资是多少、是不是只有她是这样。

中午和公司的老员工小刚、梅姐吃饭的时候，莉莉先是主动和他们聊了一下今天的饭好不好吃、天气好不好之类的话题，看着小刚就天气问题滔滔不绝，莉莉还觉得自己挺机智的，觉得问到了点子上、打开了同事的话匣子。于是，莉莉趁机问道："刚哥、梅姐，你们上班这么久了，你们每月的工资是多少啊？"

小刚和梅姐听到这个问题，脸色都有些尴尬，接着，梅姐哈哈一笑，说道："没多少，都不好意思说出来。"

莉莉一听两眼一亮，兴奋地说道："说嘛说嘛！我的也没多少，才 ×× 元，我觉得财务人员是不是算错了，克扣我工资。"

小刚和梅姐一听，都说不应该，财务人员还是挺负责的。莉莉听他们这么说，就像小孩子似的一噘嘴，不以为然道："是吗？我不觉得。刚哥和梅姐还没说你们工资是多少呢？我都告诉你们我的工资了，这样太不公平了。"

说到这里，梅姐就炸了，说道："你这个小姑娘怎么回事？又不是我们逼你讲你的工资是多少的。再说了，你询问我们工资是多少，我们就一定要告诉你吗？我们也有拒绝的权利。"说完，梅姐就走了，这之后再也没和莉莉一起吃过饭。

莉莉觉得小刚在和她大谈天气问题，就觉得彼此之间的关系很好了，殊不知这正是小刚为了避免彼此吃饭尴尬才这样做的；接着，莉莉问出了工资问题，虽说同事间渐渐熟悉了，但是同事关系再亲近，有些问题，比如工资、家庭问题等，如果对方不主动说，你也不应该主动问，否则只会让彼此更加尴尬；最后，莉莉认为自己询问别人问题，别人就一定得回答，这是不对的，任何人都有回答或不回答的自由。综上，正因莉莉犯了这三点大忌，梅姐才会生气，不再和她来往了。

有人会说：“可是，我真的想知道一些问题的答案，这该怎么办呢？”这就需要我们知道，当面对一些敏感的问题时，要怎么询问，才不会让别人尴尬。

首先，为人要谦逊，说话要注意态度。既然是去询问别人问题，最好不要用一种理所当然的语气或充满优越感的态度去问别人，尤其在是询问一些比较敏感的问题时，这样做只会让对方讨厌你。

其次，询问时要委婉一点，用词含蓄一点。不要太粗鲁地直接质问别人某些敏感的问题，这不是豪爽，而是不会说话；在询问时，尽量避免使用刺耳的、有审判味道的字眼，就使用具体的、客观的陈述，比如，“小张，看到你做的这份报告了，和我之前在某某网上看到的有重叠的地方，你再看看是怎么回事，好吧”？虽然看起来说了很多话，但也比直接问对方“有没有抄袭”要好。

最后，必要时寻找第三方做挡箭牌。如果是一些不得不问的事情，但又很敏感，那可以找一些“替死鬼”。譬如，“经理，客户让我来问问您，如果选用绿色做封底，那蓝色的字会不会太不显眼了”？你看，你借着别人之口，提醒对方之前的选择有些不好，如此一来，对方不会觉得你说的问题尖锐，也会意识到自己的失误，一举两得。

人生总是难免出现一些尴尬、尖锐的问题，当我们不得不处理时，就要选择适当的方法进行有技巧的询问。

点睛

完美的询问之道就是既让对方说出自己想要的答案，又不会让对方感到不舒服或尴尬，所以就需要我们态度平和地问、委婉地问、借别人的名义来问。

24. 二分式思维：你想得到满意的结果吗

任何事情，都有两面性。同样地，当你去和一个陌生人交流的时候、去向陌生人询问问题的时候也会有两种结果：喜剧结尾或悲剧收场。大家肯定都想有一个好的结果，让自己的人生顺顺遂遂、开开心心。那么，在向别人询问一些问题时，如何才能有一个满意的结果呢？

俗话说："有因必有果。"我们要想结善果，就要有一个好的开头和过程。在《爸爸去哪儿》这个节目中，爸爸会带着孩子居住在村落中。虽然节目组事前也打好了招呼，但是，爸爸和孩子还是会很友善地主动和主人攀谈，问主人一些简单的生活问题，如怎么做饭、怎么生火等。问题虽小，却在主人们的能力范围之内，爸爸们的态度也十分自然有礼貌，于是，双方也就熟悉了很多，相处起来也自然了很多。

那么，为了有一个好的结果，我们应该怎么做好开头和过程呢？

第一，选择一个好时机。我们去找一个陌生人交谈、询问，肯定要在对方有空的时候。不然对方正忙着，哪有耐心和时间去回答你的问题。大多数访谈节目，都是预约好时间才进行的，从没有说哪个大明星正走在大街上，就被主持人拦住做了一个访谈的。所以，时机掌握得好，发问的效果才会好。

第二，询问的问题完整、明了，最好能使对方一听就明白你的意思。你不能因为害羞、紧张等原因，问题都问不完整，或者描述不具体。一个陌生人，哪有耐心去琢磨你的心理呢？你的问题有瑕疵，对方自然就不会想继续跟你交谈下去，这还怎么有一个满意的结果呢？

第三，说话要讲究逻辑性。基于在谈话中和对方进行到哪一步、交流些什么问题的询问计划，你最好可以按照事物的逻辑、特性，先从最表面、最易回答的问题问起，等到相对熟悉了，再逐步加深。如果一开始就回答很难的问题，或是涉及隐私、机密的问题，还是面对一个陌生人，谁都会望而却步的吧！

第四，万变不离其宗。如果在交流的过程中，你发现对方对这个话题不感兴趣，或是有什么苦恼，或是表现出不想和你交流的意思，这时候，你就需要挖掘对方感兴趣的点、聆听对方的话中意思，并注意观察对方谈话中的细节，积极调整，尽量让你们的谈话处于愉悦轻松的氛围中。

第五，措辞要得体。与陌生人交谈有一个很重要的因素一定要注意——措辞。本就是陌生人，彼此存在防备和戒心，如果你不注意措辞，就容易戳到对方的软肋，或者引发对方的愤怒情绪，不仅交谈无法顺利继续下去，还会造成很多麻烦和误解。

第六，自然不做作。双方谈话，尤其是和陌生人说话，要想让陌生人说出更多关于他自身的信息，就一定要有一个亲切友好、轻松自然的气氛。这就需要询问者在说话时有一个自然的语气和语调，不要刻意逢迎，也不要贬低对方，以免提问失败。

总之，我们只有做好准备、掌握好询问的种种技巧，才能方便与人沟通、交流，才能让这个交流最后有一个好的结果！

点睛

想要和人攀谈，先看看对方有没有空；然后用疑问句开场，询问的问题一定要完整；说话要有逻辑，措辞要得体；如果对方兴致不高，那就换个策略。总之，一切以“和对方愉快交谈”为目的。

25. 重视反问的强大力量

当你去询问别人问题时，对方可能会因为性格内向或话不多而只说寥寥几句，没让你收到一个满意的答案；有时对方防备心比较重，认为你的问题会视为一种进攻，会有所保留地回答；对方还可能很讨厌无趣，觉得一问一答的方式太过严肃，让他不舒服……

这个时候，为了“撬开”对方的嘴，让对方多说、多回答，我们就可以选择反问。所谓反问，也叫激问，就是将话语的主动权交给对方，让对方来说。不过，就算是反问，也要考虑询问的对象是谁和当时的话语情境。只有反问用得好，才能平中出奇、反败为胜。

第一种，讽刺型反问。就是用一种略带嘲讽的方式，将一些尖锐、辛辣、尴尬的问题提出来，让对方不但不觉得反感，反而深有同感，或者同意询问方的观点并发表自己的意见。例如，关于询问同事工资这个问题，可以这样说“就这么点钱，还要给媳妇买口红、给孩子买奶粉，难道我是印钞机吗”？这样略带自嘲的话一出口，对方总要接你的话，类似于“你这是才上班，工资还不多，等过了实习期/一段时间就好了”这样的话，你就能从中知道他们的工资要比你高，至于高多少，你可以再接着往下问，自己推断一下。

第二种，疑问型反问。就是直接公开地表明自己的观点、倾向，暗中逼迫对方回答问题。比如，当有人在开会期间玩手机时，你就可以这样问：“公司三令五申不许在开会期间玩手机，为什么还是有那么多人在看呢？”如此，对方一般会解释一番，你就能知道对方玩手机的原因了。

第三种，递进型反问。在展开询问时，可以选择层层深化的语气，令对方加深印象，从而吸引对方的注意力，让对方进入你的节奏中。比如：“这儿的菠萝饭很好吃，为什么没有人来吃呢？”“难道是大家不喜欢吃菠萝？”“你觉得菠萝怎么样？”……

第四种，幽默型反问。幽默型反问的主要目的就是让人在活泼、轻松的氛围中讨论相对严肃的问题。比如，一天，妈妈拿着一大一小两个苹果，想测试一下儿子有没有学会孔融让梨，于是问儿子：“你要吃哪个苹果？”儿子毫不犹豫地回答：“我要吃那个大的。”“你应该学习孔融让梨，吃那个小的。”“妈妈，难道你为了让我学习孔融让梨，就让我撒谎吗？”儿子这样的反问句，自然让他妈妈无法反驳，而且还让她还觉得儿子是很有主见的。

第五种，悬念型反问。顾名思义，就是通过设置悬念来询问一些问题，引发对方的好奇心。例如：“你知道小张为什么这几天请假吗？是不是因为他媳妇来了？”“小张结婚了？”“对啊！结婚好几年了，难道你不知道？”这一系列问题自然而然就问出口了，交谈也顺利进行下去了。

第六种，肯定型反问。就是以反问的语句直接明确地表明自己的观点。例如，唐太宗曾经这样问他的大臣们：“守天下难不难？”这时，魏征答道：“非常难。”唐太宗又问：“我都选择你们这些德才兼备的人做官了，守天下还难吗？”魏征回答说：“这不一样。古时候的皇帝，在打天下的时候，很注意听从别人的意见，可一旦打下江山，就贪图安乐，不喜欢听别人的意见了。如此一来，守天下难道不难吗？”唐太宗和魏征用反问开始，又以反问结束，却肯定地回答了彼此的问题，可谓妙哉！

第七种，机智型反问。这就灵活多了，需要从不同的角度问问题，采用或明或暗、或褒或贬的方式反问对方，从中找出反问者的观点和态度。例如：“你不觉得小航不经红丽同意就擅自使用她的电脑不对吗？”

总之，反问的方法多种多样。熟练掌握这 说话艺术，即使对方是铁齿铜牙，也能让你“撬开”一丝一缝。

点睛

要想提升自己的反问能力，除了要学习方法外，还必须不断地提高自己的语言表达能力、想象力、思辨力和应变能力。

26. 有限选择询问法

在一次访问中，一名新记者曾经这样问央视著名主持人敬一丹：“你做新闻行业这么久了，请问你怎么看待中国目前的新闻舆论与监督作用？你又是如何处理生活和事业的关系的呢？”正当大家都等着看敬一丹如何回应的时候，敬一丹说道：“你的问题太大了，恐怕以我一人之力回答不了。”众记者一听，哈哈一笑，这个话题也就此揭过。

不只敬一丹会遇到这样宽泛的问题，我们每个人在生活中都会遇到。经常会有好久不联系的人找你，开头就问："你最近怎么样？"这句话虽说只有短短六个字，但是其中蕴藏的意思却很多——这是在询问工作、生活，还是在问感情？因为很多人都无法确定对方在问什么，于是不知道该怎么回答，便也"投桃报李"，用笼统的"还行吧"来回复。

这样下来，谈话还怎么进行下去！大家回想一下，以往遇到这种情况，在你回答了"还行吧"之后，对方一般会回个"哦""嗯""那就好"之类的，而你们的谈话却因此戛然而止了。我们这样的问法，就如同文章开头的那位新记者一样，恨不得用一个问题，就使采访对象把所有答案都说出来。这不现实啊！

所以，要想别人积极地回应你、要想激起对方谈话的兴趣、要想从询问中获取更多的信息，我们就应该注意一下自己的提问方式，采用有限选择询问法。有限选择询问法，顾名思义，就是将问题的范围缩小，问得越具体越好。这就和我们写论文一样，论文题目拟得越小、越具体，论文就越好写。你会发现，你的问题越具体、越明白，对方的回答越充实，而且，你们之间的询问过程也更加轻松愉悦。

比如"一个鸡蛋"还是"两个鸡蛋"的问题：同样是早餐店，一家店在招呼顾客时问道："除了粥，您还吃鸡蛋吗？"顾客一听，摆摆手就作罢。另一家店却这样问："您要一个鸡蛋还是两个鸡蛋？"这样问的时候，就给了顾客明确清晰的选项，很多顾客就会根据自己的需要作出选择。

当然，这不是要求你事无巨细地发问，假如你问别人"中午吃了几粒米、几棵青菜"，肯定会有人以为你是神经病。所以，这里说的有限选择询问，也是有一定要求的。

第一，范围要小，提问要有针对性。这是一种目的性比较强的询问方法，能让你得到一个满意的答案。比如，开完一场会，你去询问下属"刚刚的那场会议，你有什么心得体会？"，这个问题就没有"刚刚在会上提出的某某观点，你对于里面说的 × × 有什么看法？"好。

第二，问题越具象越好。如果你抛出去一个抽象的问题，对方要么无从回答，要么也给你一个抽象和无聊的答案。比如当你问一个男人喜欢什么样的女孩子时，他可能会告诉你“贤惠、温柔、善良、孝顺”就可以了；但当你问他紫薇、小燕子和晴儿，他更喜欢哪个的时候，他就会给出一个准确的答案，而且与他之前的泛泛之谈会有很大差别。

第三，有限选择询问要有一定的延展性。比如，在电视台的一次暴风雨采访中，一位记者这样问一位大爷：“大爷，这雨你觉得下得大吗？”“大。”“这么大的雨你觉得好吗？”“不好。”乍一看，这位记者的问题都很具体，应该会是一个有趣的谈话，但因为这位记者选择的都是一些闭塞式的问题，所以整个谈话就很无趣了。

由此可见，在提问时将问题具体化、让对方在有限的选项中做一个选择题，不仅会让谈话更加容易，也会让答案更加明显。

点睛

询问是讲究技巧的，问题最好具体明确，同时要把握住范围，不能过于抽象。这样既方便对方回答问题，也方便彼此之间展开谈话。

27.“是什么”和“应不应该”的问题

如果你去问无所不知的魔镜“谁是世界上最会沟通的人”？魔镜肯定会说是那些最会问问题的人。要知道，那些“会问”的人，知道对方感兴趣的话题是什么，能问出让对方无法抗拒的问题，他们能让对方喜欢回答问题，也愿意回答问题。

既然会问问题有这么大的神奇和魔力，那么，问问题有什么技巧吗？如果学会了这些技巧，是不是也能变成一个会问问题的人呢？是不是也可以“撬开”对方的嘴，让对方和自己无话不谈、无话不欢呢？当然可以。

众所周知，“询问”，说白了，就是从别人那里“获取有用的信息”。既然如此，在整个询问的过程中，包括在询问之前的准备工作中，你都要有缜密的逻辑思维、有自己清晰的询问计划，保证自己不会被对方带偏。同时，你还要对“是什么”“为什么”等问题有很强的好奇心，才不会让你的询问变成一个例行检查，或者是低级的“钓鱼游戏”，被人识破。

《康熙来了》的主持人蔡康永特别喜欢问“是什么”和“为什么”。这两种问题看起来简单，但是却能获得很多信息。不过，蔡康永不是直接问，也不是一直用这两个问题来问，他是有技巧地问。对第一次参加《康熙来了》的嘉宾，蔡康永一般选择先问几个是非题或选择题，类似于“与 ×× 相比，你是更喜欢 ×× 吗？”这种，把对方的兴趣范围大致了解了一下，接下来就可以朝着对方喜欢的点下手了。

你可能会说这是在做节目，主持人问了问题，嘉宾不得不回答，不然节目还做不做了？话虽如此，但是，如果不是主持人问题问得好、问得巧，让嘉宾有一种宾至如归的感觉，这个节目也做不了十几年之久。所以，关键不在于问的人是谁，而在于大家会不会问。

会问问题的人，一开始就能营造出双方都很想讲话的气氛，让对方产生“怎么跟你有说不完的话？”这种感受。而且，尽管是问问题的人在掌控局面、引导对方，但因为气氛很愉快，对方其实不太会察觉到询问者在掌控什么，反而会有一种“终于遇到知己”的感觉。

可能有些读者朋友觉得：我又不是蔡康永，我怎么能像他一样那么会问问题呢？其实，每个人都是天生的询问者！为什么这么说呢？因为每个人从幼儿时代开始，为了了解这个缤纷纷繁的世界，就在进行不断的询问——“为什么天空是蓝色的？”“太阳是谁挂在天上的？”“这种红色的果子是什么？”

等我们长大后，就可以更加娴熟地运用这一禀赋，也不再满足于简单的问答，而学会高效、有效地询问。比如，同样都不知道一种果子的名称，小朋友可能会直接问“这种果子是什么？”，成年人则有可能这样问“哇！这个果子长得很奇怪，看起来和柠檬差不多，颜色却是红色的，它叫什么？应该是热带水果吧？”所以，成年人的询问是经过深思熟虑的，在一个问题中包含着很多信息。

然而，学会询问，不仅要会问“为什么”“是什么”这些简单的问题，还要学会询问“应不应该”的问题。因为随着年龄渐长，人们不再只有单纯的好奇心，还明白了什么是自尊心和虚荣心。同样的问题，在孩童时期问出来可以说是天真可爱、童言无忌，但如果从一个成年人嘴里问出来就显得不那么可爱了，甚至会让对方——另一个成年人感觉不舒服。所以，就需要换一种问法，以一种谦逊的态度去问。

由此可见，同样都是询问问题，在不同的年龄阶段，因为询问态度、思考角度、逻辑思维不一样，问法也不一样。不过，也因为这个关系的转变，才让大家在询问问题的时候能发现更多有用的信息，越来越逼近事实本身。

点睛

如果一个人拥有敏锐的洞察力并掌握巧妙的询问方式，就可以成为“会问问题的人”，就能够在询问的过程中发现问题和答案、了解对方的意图、明白对方的需求和担心，同时得到自己想要的信息，让自己成为受人欢迎的谈话对象。

28. 将干扰“体面化”

奥利娅娜·法拉奇是世界上非常有名的一位女记者。她提出的问题通常很犀利，让很多国家元首和权贵十分头疼。而且，神奇的是，法拉奇在提出这些具有攻击性的犀利问题时，一般会采用迂回曲折的方式，让被询问者不觉得这是个“难题”。

一次，法拉奇要采访越南总理阮文绍，想问问他对“外界称他是‘越南最腐败的人’”的看法。法拉奇明白，如果她直接问，肯定得不到答案，说不定还会被保镖丢出去，于是她想到了一个办法。

法拉奇的整个采访过程是这样的。“据我所知，您出身十分贫穷，是吗？”阮文绍听后深有感触，便动情地描述了幼年的艰苦生活。接着，奥利亚娜问道：“听说您现在特别有钱，在瑞士、伦敦、巴黎等地的银行都有存款和住房，是吗？”这时，阮文绍不可避免地就说起了自己的财产并主动提及外界的传言。

在这个过程中，法拉奇将阮文绍“腐败”的问题分成两个小问题提了出来，既不至于让对方尴尬，也达到了她的目的。法拉奇的这种做法就是将干扰“体面化”了，不会让对方觉得难堪、尴尬，也不会让对方觉得自己被冒犯，而法拉奇自己也得到了答案。

当我们涉及一些比较尖锐的问题时，比如对方的感情问题或者是商业机密，直接发问肯定会碰壁，让对方觉得我们不礼貌、侵犯了他的隐私等，这时候，最好能将问题包装一下，用一些宽泛的问题或家常话缓解气氛，让对方将问题听进去。

2009年，《新闻周刊》出了一期新节目——“沦陷的高考”，报道了很多关于高考的新闻：交通拥挤、孩子迟到家长下跪求进门等问题。这让群众们非常激愤，很多人都在网上吐槽制度和体制，这时，以犀利著称的白岩松却一反常态，用轻描淡写的温和态度，站在客观的角度评论了高考体制，反而让大家很是感动，对他说的话也更加信服。最后，白岩松的那句“制度是死的，人是活的；事件是冰冷的，报道却可以是温暖的”几乎成了经典名句，经常被人拿来使用。

乍一看这件事情好像和询问没有关系，但是，这个例子却告诉我们“体面化”的重要性。白岩松正是将一些对方认为很直接的话，用平和的语气表达了出来，无形中营造了一种轻松的气氛，才平复了大家激动的情绪；而且，白岩松温和的用词也让大家更能把话听进去，若是一味争吵或硬碰硬，只会激化矛盾。

在询问的过程中也是如此。本来一个人面对着另一个人的询问，尤其是在双方不熟的情况下，而你还要问一些隐私问题、尖锐问题，对方就很容易紧张并产生戒备。这时，如果你的问题不加雕琢而直接进入主题，就很可能激起矛盾。

所以，我们就需要将问题转化一下。比如说，将一些带有质问意味的话语变成友好谦逊的询问，把一些专业、严肃的问题用看似无关的平常语言问出来等，用迂回曲折的方式减少突兀、消除尴尬、体面询问。

点睛

如果对方抵触你的问题，如果你的问题有些尖锐，那么为了避免直接提问带来的尴尬和伤害，你不防将问题“包装”一下，让问题“体面化”，让交谈和询问顺利进行。

29. 称赞那些你看得到的东西

曾经有一位青年因为什么也不会，在巴黎找不到工作，后来再也流浪不下去时，不得已去找父亲的朋友帮忙找一份工作。“你会数学吗？”那人问。青年难过地摇了摇头。“历史、地理呢？”青年不好意地摇了摇头。“那法律或经济呢？”青年都快无地自容了。没有办法，那人说“你先把地址写下来，我一定给你找份工作的”青年惭愧地写下了自己的地址。那人看到青年的字赞美道：“年轻人，你的字写得很漂亮，一般字写得不错的，文笔也不错，不要灰心，这就是你的优点”受到称赞的年轻人觉得自己的世界瞬间明亮起来。数年后，青年果然写出了很多备受欢迎的作品，他就是著名作家大仲马。

这就是称赞的力量。每个人都有自己的优缺点，在与别人沟通时，我们从对方身上找到那些闪光点，去努力称赞。赞美如花香，芳香怡人。尤其在别人失望、沮丧时，一句赞美，能让对方看见光明，重新找到生活的希望。

赞美别人能让对方开心，可是我们中国人却相信“谦虚使人进步”“胜不骄，败不馁”，是以大家都很不习惯赞美别人，即使对方做得好了，也是把称赞之词埋在心底，通过“你还可以做得更好”“再接再厉”等带有批评色彩的语言来“帮助别人成长”。其实，这个想法欠妥，要知道，和“棍棒”式的批评教育相比，由衷地称赞一个人更能帮助对方成长，它让人信心百倍，拥有更大的进步空间。

所以，在与人交谈中，如果别人有了好的看法、想法，哪怕对方就是单纯的外表美丽或帅气，我们也要将这些赞美之词说出来。不要觉得不好意思，或觉得称赞别人就是在溜须拍马、油嘴滑舌、讨好对方，你只要记住：真正的称赞是令双方都开心的，并可以促进彼此关系的发展。

当然，称赞别人并不是让你信口胡说，张口就说一些没有事实根据的空话、假话。这样的称赞真的很假，只会起到相反的效果。例如，你的上司明明是个秃头，你却赞美他发黑如墨，他肯定觉得你是在嘲讽他、欺骗他，而且专拿他的痛处说事，他又怎么能开心得起来呢？不暗中给你穿小鞋就已经很好了。

由此可见，一个恰到好处的赞美须得真诚，而这应该满足以下几个条件。

第一，称赞那些看得见的东西和美。与其为了赞美别人瞎编乱造一番，不如好好观察对方的衣着、首饰、办公桌等，你自然会发现很多值得赞美的地方。比如，办公室的一个同事今天穿了一件新的衣服，你可以说这个颜色很适合她，或者说她衣服的款式很新潮；一个同事的办公桌上敞开着一个记事本，你看到上面的字，可以称赞他字写得好。这些都是肉眼可见的美，对方当然相信你的话了，也就自然喜欢与你交谈。

第二，视角独特一点，换个词语称赞。每一件事情都有两面性，就看你怎么解读。比如，一个人戴了一件不适合自己的首饰，但是这件首饰却是她的儿子送给她的，那么，你就只需要夸赞她儿子的孝心就可以了；一个人能言善辩，在砍价时是一把好手，那你只需要夸赞他超群的说话能力即可。人都需要赞美，将你看得见的称赞讲给对方听，对方心情一好，就会将你划为"自己人"，与你主动攀谈。

第三，措辞要得体，语气要自然。称赞别人，最忌讳的就是"假"。用词不当，说的话假、语气也很假。例如，你夸赞一个老太太身体好，就说她身体健康犹如南山不老松就可以了，非要说人家像千年的王八一样活得久，人家能爱听吗？

所以，称赞别人使人进步、赞美别人使世界和谐。如果人人都能时不时地赞美一下别人，那么，四海之内皆兄弟，大家的人际关系都会和谐很多。

点睛

别人值得称赞的东西其实有很多，只待有心人去观察、去发现。因此，选择大家有目共睹的东西去赞美对方，会让他刻骨铭心、对你"另眼相看"、和你无话不谈。

30."不提问"和"让他说"

有着台湾"美容大王"称号的大S本身是一个很会说话的人，如果是她的采访，我们会发现很多时候都是她在引导记者问她问题，而不是记者主导。所以，很多次采访下来，记者朋友们得到的消息总是在“老调重弹”。大 S 做妈妈后，当有记者问到关于她的女儿小玥玥的问题时，大 S 总能多说几句，有时候甚至会主动谈起自己的女儿又长高了，或者是学习什么东西了。

相较于倾听而言，更多的人喜欢诉说。在很多人心中，自己才是谈话的中心，而且，人们总是习惯于和别人分享令自己高兴的事情或者是在意的人。大 S 就是这样，在她看来，她当上了妈妈是一件非常开心的事情，而她的宝贝女儿就是天下最棒的宝贝，所以就会忍不住想要多炫耀一下。

人们之所以喜爱谈论自己感兴趣的事情、喜爱诉说，就是因为威廉·詹姆士曾经说过的一句话：“人类最本质的一个需求就是渴望被肯定。”因此，当双方的谈话、询问不那么顺利的时候，你不妨把话题往对方感兴趣的方向引，谈一些对方喜欢的事情，满足对方需要被肯定的欲望，赢得对方的好感和认同，如此，对方才会“主动说”，而不是只有你在干巴巴地提问。

要想让对方在询问的过程中主动说、多说，我们可以不提问，但是一定要了解对方感兴趣的事情、喜欢的人、在意的东西等等。这样才能做到有的放矢，否则就会弄巧成拙。

那有些人说了：“假如我对一个人不了解，可是我需要和他谈话、询问他一些问题，而我又没有途径和时间得知他喜欢什么、在意什么，我该怎么办呢？”这就需要运用你的观察力了。比如说，你今天要询问一个“创一代”富翁问题，关于他成功的原因不外乎两种情况，一种是后天努力，白手起家；另一种是老天庇佑，自我奋斗。假如是前面那种情况，那他自豪的事情应该就是他通过昔日的艰苦奋斗而取得了今天的成就，你可以将话题往他的奋斗史方面延伸；假如是后面那种情况，那他自豪的事情就是没有父母的帮助就脱颖而出，你可以将话题引到“有想法、独立”这个方向。

当然，一个人在生活的方方面面，家庭、事业、爱情、友情都有他值得自豪和在意的事情，而我们需要做的就是找到这些点。不过单单知道还不行，还要会提问。

第一种，假如你感觉对方对你之前的提问不感兴趣，你就可以这样说：“你是不是觉得我说的话很没有意思？我在想，你之前参加过某某活动，在某方面应当有自己独到的见解。”悄悄地将对方感兴趣的话题引出来，等对方主动说。

第二种，你可以先声明自己听说过或了解过对方的一些事迹，但却不是很了解，可以请对方具体讲述一下自己不知道的细节。比如，“听说你曾经骑着自行车环游北欧，你能跟我讲讲那件事情吗？”这样的提问，不仅讲到了对方感兴趣的事情，而且还暗中赞美了对方，自然会得到对方的好感，双方也更容易交谈下去。

此外，在询问对方时，态度最好真诚一点，让对方觉得你是真的想和他一起分享那件令他自豪的事情，而不是为了“套话”而“明知故问”，甚至心不在焉，这样会令对方会很反感，让你的询问就此打住。

点睛

总之，想要被询问的人能够侃侃而谈、主动和你说话，你不妨揣摩他的意思、投其所好，从对方感兴趣的事情切入，再经过恰当的提问和引导，让对方吐露真言、说得更多。

31. 90% 的说服不是用语言来完成的

在《爸爸去哪儿》第二季中，姐姐 Grace 以她经典的“拜托拜托”表情走红。这之后，不论在节目中还是节目外，当 Grace 需要说服别人答应她的请求、回答她的问题、帮助她时，她都会嘟嘟脸、皱皱眉，用甜糯的声音撒娇道：“拜托拜托”，然后所有人都会招架不住，答应她的请求。

当然，这是儿童的世界，可以用撒娇的方式来博得大家的喜爱、说服别人答应自己的请求。那么，我们成年人应该怎么做呢？有人说这还不简单，大家都是成年人，就用成年人的方式——摆事实、讲道理，让对方明白其中的利弊不就可以了。话虽如此，可是我们发现，有些人坚持认为自己掌握的才是真理，根本就听不进去别人说的那些事实和道理。所以，我们需要知道一句话——90% 的说服不是用语言来完成的！那是靠什么呢？靠智慧！

第一，互帮互助，达成共赢。我们在日常的人际交往中，可以多帮助他人。比如说，对方在询问别人问题时，那个人因为一些原因没有回答他，这时你或许因为自己与那个人关系好，或许自己实力够，就可以帮助对方解答这个问题。如此一来，你帮我、我帮你，大家互帮互助，让彼此的关系更近一步。关系近了，彼此的心理防备就少了，在说服对方时也就更加容易。

第二，认可对方的意见，顺着对方的意思来。两个人之间的交谈过程，说到底就是互相博弈的过程，是一个说服与被说服、同化与被同化的过程。当一方坚持自己的观点不肯妥协时，你就可以自己妥协一下，认可对方的意见。俗话说“大丈夫能屈能伸”，有时候的让步与退却是为了进攻。当你认可对方的意见时，就被对方划到了“他的国”当中，这个时候，你再提出问题和建议，对方就更容易接受。

第三，夸大目标，同时向对方示弱。如果你向别人询问、请教问题，或者需要说服对方，而对方对你不理不睬、不接纳你的观点时，不妨先示弱，或者在一开始就夸大自己的要求，等对方不同意后再降低要求，这样就能引起对方的同情心、同理心。比如说，你原本想要对方指导你写策划方案，但是害怕对方不答应，所以一开始，你可以说自己经验不足、不会写，担心写出来的过不了审核，所以请求对方替你写。这样对方肯定不答应，这时你再降低要求，说只需要对方花费一点时间教你如何写就行了，这样做的成功率会比较高。

第四，撒娇卖萌，管用就行。对于和你关系比较好的人，或者是你本身就是可爱惹人怜爱型的，那么，当对方不答应你的要求和问题时，就可以撒个娇、卖个萌，甚至“哀求”一下对方。不要觉得这很丢人，要知道，撒娇卖萌可是说服别人的一大法宝呢。

总之，在说服别人的时候，切忌盛气凌人，强制要求对方答应你的要求。每个人都是独立的个体，有自己的思想，不要想着对方可以毫无缘由地听你的话。必要的时候，稍微采取一些“手段”即可。

点睛

雪中送把炭，锦上添朵花，顺着对方来，同时示个弱，再不行，就撒个娇、卖个萌……由此可知，除了语言外，还有很多种方法可以说服对方。只要我们有信心，方法用得对，就没有说服不了的人。

32. 海绵式思维：请问你可以帮助我吗

大家都知道海绵，这是一种弹性很强的东西，既能吸很多水，也能挤出来很多水。人们根据海绵本身的特质发明了一种海绵式思维方式。

如果把我们的大脑比喻成一块干海绵，那么海绵吸收到的水就是我们源源不断地吸纳到的知识。然后，在经过挑选后，我们的大脑会将有用的部分加以运用，而排出那些无用的部分，从而腾出更多的空间去继续补充知识。一个人只有不断地经过吸纳和排出这两个步骤，才能更好地吸收海量的、对自己有用的知识。后来，人们将这种思维方式运用到询问过程当中，为人际沟通搭起了一座桥梁。

在询问问题的过程中，人们怎么使用海绵式思维呢？综合前面的描述来看，海绵式思维的优点在于吸收性强，就好像一个拥有无底洞的“大肚怪”一样，来者不拒，全盘接收，然后这个“大肚怪”再自己慢慢消化，将不适合自己的信息排出去。所以，海绵式思维方式特别适合在漫无目的的聊天中使用，或者用来对付那些不正面回答问题的人。

《拜托了，冰箱！》这个网络节目每一期都会邀请两个嘉宾，来看看这些嘉宾的冰箱里都有些什么食物，然后再根据冰箱里的食物为嘉宾量身定制一道菜。当然，为了节目效果，不可能在节目一开始就打开冰箱看，那样多没意思！于是，节目的开头就是主持人和嘉宾间简单的询问和聊天。

如果我们遇到一个戒备心较强的人，或者是一个比较内向的人，这时候不论我们的提问技巧有多高，对方还是会警铃大作，将自己包裹起来。所以我们不如以简单的问句开头，比如“你可以帮我一个忙吗”“今天天气不错，你觉得呢”等，然后再随意说一些无关紧要的日常问题，例如“吃了什么”“穿的什么”等，我们可以根据对方在闲聊时的神情、态度看出对方的回答是否真实，并借此判断对方喜欢吃什么、喝什么，从而猜测对方的性格特征、喜好等。

不过，使用海绵式思维方式询问，就像我们学习过的散文一样，要“形散神不散”，我们自己，即询问者，要始终知道自己的目的和核心是什么。不然的话，我们要么容易被对方带偏，要么就真的会让对话变成淡而无味的“废话”。那么，如何做到万变不离其宗呢？很简单，就是学会思考与判断——思考对方说的话，从对方给出的万千头绪和信息中判断出什么是有用的信息，将其保留下来，再把那些无用的信息从大脑中删掉。

使用海绵式思维，能够让对方放下戒心，在看似漫无目的的聊天中说出一些真实的信息；而只有学会了思考与判断，我们才能让海绵式思维为我们所用，对谈话内容进行总结、判断，为以后进一步了解对方打下基础。

点睛

我们可以询问别人问题，别人在回答时也可以有所保留，所以，如果全部相信对方的话反而会让自己走入迷障，还不如用自己的判断力和逻辑思考能力断是非、理因果，检索出一些关键信息。

33. 询问时，把对方的名字讲出来

很多明星在为他的粉丝签名时，有时间的话会问粉丝的姓名，让一个普通的签名变成不普通的“to 签”。而一个粉丝如果拿到了写着自己名字的签名照，则会比拿到普通的签名照更开心，甚至会将这张“to 签”照片裱起来永久保存。

同样都是偶像的签名照，为什么一张“to签”和没有粉丝名字的签名相比在粉丝心中会差别这么大呢？就是因为这张照片上写了粉丝的名字，它对于那个粉丝而言是独一无二的。名字是人一生中非常重要的一部分，被寄予了美好的祝福和期望，是人的符号与代表，也是人在这个世界上存在的证明。

假如一个陌生人刚与你见过面，你就用心地记住了这个人的名字，等你下次再见到他并直呼他名字时，就会给他带来很大的惊喜和快乐！所以，不要小看名字与称呼，如果你能够在人际交往中记住并叫对别人的名字，会对彼此的关系产生直接的正向影响。

尤其在询问别人问题时，如果你能够将对方的名字讲出来，就会让对方有一种被重视、被注意的感觉。比如，你要向技术员请教问题，如果你叫了对方的名字，就会给人一种“我这个问题是专门请教某某的”“我是特意来询问某某这个问题的”的感觉。这样一来，即使大家都是技术员，但是因为你着重叫出了一个名字，就将这个人与其他技术员区分开来，使之成为与众不同的存在。

相反，如果你没有记住对方的名字，或者是你记错了名字，就会令人觉得别扭、尴尬和不舒服，对方会觉得你不重视他，还来问他问题，他又怎么会有兴致和你交谈呢？到最后，你们的交谈氛围也会变得不和谐，使交际陷入僵局。

可是，也有人说，如果是面对一些年龄比较大、职位比较高的人，直接称呼其名字是很不礼貌的。所以，我们要学习得体的称呼。那么，怎样称呼别人才算得体呢？其实，这没有什么固定模式，只要根据对方的年龄、性别以及关系的亲疏远近决定称呼就可以了。当然了，这是建立在对对方尊重的基础上的。

一方面，我们一定要记住对方的名字，这是对对方的基本尊重。一个人的名字是将自己与他人区别开来的独立标志，本身也凝聚着长辈的期待和祝愿。我们在学习写字的时候，很多人第一个学会写的就是自己的名字，所以，对于自小就很重视的名字，我们自然也期望别人能和我们一样记住并珍视。因此，当别人第一时间记住，并一见面就马上叫出来我们的名字的时候，我们就会觉得受到了尊重。

例如，当你刚去新公司上班，遇到不会的东西想请教新同事的时候，如果记住了对方的名字，就可以说：“××你好，你能帮我看一下这是怎么回事吗？”你这样请对方来帮你，让大家都知道你说的是谁，这样对方碍于面子也会来帮助你。而且，对方可能会想：那么多人，他为什么记住了我的名字，还请我来帮忙？我是不是有什么特别之处？对方会觉得自己在你的心里是特别的，心里会很高兴，自然就很乐意回答你的问题了。

另一方面，不同的人在不同的场合有不同的称谓。虽然直接称呼名字好，但是对于一些长辈，比如说好朋友的爸爸妈妈、同事的家属等，就不适合直接称呼名字了，这时候可以按照对方的年龄、性别、身份来称呼对方，也可以用“姓加亲属称谓”“名加亲属称谓”“姓名加亲属称谓”等称呼方式，如“李庆山伯伯”。如果是关系特别好的朋友，称呼就比较随意了，可以直呼其名，也可以叫对方的小名、昵称，比如“老张”“小高”“豆豆”等。

把对方的名字用适当的称呼叫出来，用得好了如同春风扑面般温暖，能让人产生愉悦感；用得不好了则会惹人不高兴，惹人厌烦。由此可知，得体的称呼是一门学问，也是理顺彼此关系的“敲门砖”。

点睛

一个人的名字叫起来简单，但是，在不同的场合、对着不同的人，却有着不一样的叫法，这就需要你明白“得体”的称呼是怎么回事了。如果你要把这个名字叫得令人愉悦、叫得得体、叫得贴切，就会使你在人际交往中、在提问中大获裨益；相反，如果没称呼好对方的名字，则会带来尴尬。

Chapter 4

把答案藏在问题里

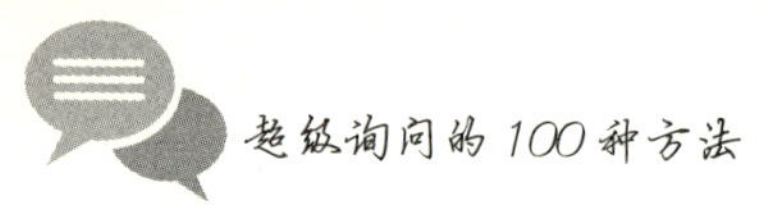

34. 给对方一个更容易回答的问题

乒乓球运动员张继科在业内有着“藏獒”的别称，场下经常“睡不醒”，一上场却瞬间清醒，打得对手落花流水。在2016年的巴西里约奥运会上，张继科又被网民们竞相刷屏。比赛完后，乒乓球的队员们回国，张继科应大家的要求在一个网络平台上做了直播。

在直播中，热情的网民们纷纷刷屏，甚至遮住了张继科那张帅帅的脸。张继科在与大家互动的时候，会询问大家一些简单的问题，比如“你们想不想看看金牌长什么样？我给你们拿来看看”“这是送的什么车？真漂亮！”“如果我退役了，你们还看乒乓球比赛吗？”等，都是一些简单易回答的问题。到最后，张继科还暖心地说道：“能为你们一直打球挺开心的。”

张继科的这次直播很成功，除了因为网友们很喜欢这个人外，还因为张继科懂得如何和网友们互动。可是他不就是问了一些超级直白、超级简单的问题吗？为什么这么多人喜欢？朋友们，正因为张继科询问的问题日常、简单，才令人喜欢。这就好比一个远在天边的人走到你跟前，却跟你吃一样的饭、喝一样的水一样，自然就拉近了与你的距离。

试想一下，如果张继科在直播中询问网友们“怎样的动作会让发出来的球具有很大的旋转性”或“练习乒乓球的技巧”等专业问题，非专业运动员的网友们要如何回答呢？如果回答不上来，是不是就冷场了呢？

尽量以身旁的琐事为话题开端，这是促进人际关系成功的钥匙。不论你是大财阀、大明星还是什么大人物，如果你想接近周围的人，就要和对方说一些家常话，或者是聊一些在他们能力范围内的知识，如此你的形象才能“破冰”，让大家发自内心地喜欢你，乐于接近你。

要知道，“社交都是从废话开始的”。一些不具备任何意义的、闲聊性质的废话，是和陌生人展开对话的绝佳武器。比如，我们中国人见面最常问的话就是“吃了什么”“吃了吗”，而外国人则非常喜欢聊天气变化，这些就是我们所说的“废话”。但是，因为这些“废话”没有攻击性，一出口就在彼此之间酝酿了一个和善的气氛。

等气氛热络一点儿了，接下来，我们就可以聊下面的内容了。例如那些“你的家乡是哪儿”“你喜欢玩什么游戏”“你去过哪些地方旅行”等，这些也是家常话，却要比一开始的“吃了吗”更进一步。随着关系的一步步加深，聊天的内容也可以逐步深化。

然而，生活中还是有很多人喜欢对陌生人侃侃而谈一些高难度的问题。他们之所以这样做，有两种可能：一种是卖弄、炫耀。这些人自认为与众不同，或是觉得自己与其他人不能处在一个平等的位置上，于是就像孔雀开屏一样使劲地表现自己。

另一种则是为了给对方留下深刻的印象。有一些人进入了人际交谈的误区，一心想给对方留下一个深刻的印象，便故意选择一些或艰深、或惊悚、或敏感的话题询问大家，以期让对方记住自己。结果过犹不及、适得其反。别人是记住你了，可却不是一个好印象，而是一见到你，就想起你那奇异的思维、怪异的性格，为了避免自己变得“不正常”，只好快快远离你。

“术业有专攻”，每个人都有自己擅长的，也有不擅长的，在和别人聊天的时候，为什么要拿自己的长处去碰别人的短处呢？我们的目的是交朋友，不是为了竞技。所以说，一开始聊天的时候，不如将自己和对方摆在平等的位置上，选择一个比较容易回答的问题作开场，让对方对你产生亲切感，你们的交谈才可能成功。

点睛

要想初次见面就让彼此有一见如故的感觉，你就要有亲和力，让对方觉得你亲切，容易接近。总之，一味地谈些令人吃惊的话容易让人觉得你华而不实、锋芒毕露。而一些日常生活的话题却比较容易获得大家的喜欢。所以，聊天不妨从家常琐事开始。

35. 询问时，你要学会装傻

在2016年热播的电视剧《欢乐颂》中，有一句经典台词在微信朋友圈和微博被大量转发，它就是“常与同好争高下，不共傻瓜论短长”。这句话一出来就被大家竞相引用，因为大家都喜欢和“聪明人”共事，这样能省去很多麻烦。可是，大家不妨仔细想一想，有些“傻瓜”是真的傻吗？

很多大家眼中的“傻瓜”，其实是聪明人在装傻。他为什么装傻呢？这就是装傻的艺术了。人活在俗世中，会与各种人打交道，这就需要用到装傻这一技能，尤其是在询问别人问题的时候，更要将装傻这一“方法”贯彻到底。

询问，是我们主动和别人交谈、是我们主动向别人询问问题，有请别人帮忙的意思在里面，那么，我们的态度自然得放低一点儿，谦恭一点儿。而且，人人都有虚荣心，很多人都会觉得“别人不如我”，特别享受别人的仰慕和敬佩，这个时候，为了达到自己的目的，或者是让对方说出更多的答案和信息，就需要适当地装一下傻。

有些人刚进公司就要展现自己的才能，于是十分招摇，甚至在请教、询问其他同事问题时，态度也很傲慢，或者为了让自己显得高人一等而耍些小聪明，惹来同事们的嫌弃和不满。有人可能会说：“你管同事怎么想干什么？你的能力被领导看到和认可就行了。”确实，你的能力一定要被你的上司和领导看到，但是，切忌锋芒毕露！

我们和一个陌生人打交道，要知道我们是为了“套话”，是为了得到自己想要的信息。如果我们一开始就用一种“老子天下第一聪明”的姿态和对方说话，对方即使是宽容大度的圣人也会噎我们几句的，更何况其他人呢？所以这个时候，真正的聪明人就应该装傻、示弱，用请教的姿态询问对方，告诉对方“我不行，只有你行”，满足对方的虚荣心和自豪感，这样才能有一段良好的交谈，让陌生人变成朋友。

如果我们是向与自己相熟的人询问问题，比如说我们的朋友、家人等，不要觉得彼此关系都那么近了，就可以不在乎这些细节，而以一种“呼之即来”的态度询问对方问题。如果我们这样做了，一两次还可以，但势必会让对方不舒服，时间久了，对方会对你心生嫌隙，关系自然就淡了。

俗话说："傻人有傻福。"但与其说傻人是被上帝眷顾，不如说他们是被聪明人照顾。所谓"大智若愚"，说的就是这个意思。要知道，真正的聪明人，不会不懂装懂，不会觉得向别人请教是一件很耻辱的事情，也不会觉得这是见不得人的事情，他们只知道掩饰聪明、摆低姿态，变得谦虚，会让自己收获更多。

点睛

"傻"是一种境界，是一种生活方式，是真正的聪明人的有所作为。尤其是在询问别人的过程中，更要学会装傻，让对方来解疑答惑，从而得到自己想要的信息。

36. 用问题当诱饵来诱导对方

很多人在和不熟的人或者是陌生人聊天的时候，经常聊几句就卡壳了，聊不下去。而且，所聊的内容也不过是"今天吃了没""天气怎么样"等无聊又空洞的话题，既不能联络感情，也得不到什么有用的消息，简直就是费时费力，还不讨好。

有人说了，不是你说的，为了方便对方回答，要用一些简单的问题做开场的吗？这话不错，但是，简单不等于白痴！选择用问题来开场，最主要的目的是吸引对方"上钩"，让对方主动并乐意和你交谈下去，而不是为了让对方在心里翻白眼，觉得你只会问一些蠢问题。

江苏卫视有一个热播的生活类节目，叫《四大名助》。在节目中，会有苦恼者向节目组求助，将自己的苦恼说出来，询问现场的四位主持人和观众们。这档节目之所以会热播，是因为里面出现的都是日常生活中会发生的事情，而且，来信人的措辞都比较新奇，具有吸引力，吊起了观众的胃口。

《四大名助》中最常见到的提问方式就是"请问各位主持人，经常被 ×× 苦恼的我应该怎么办”。其中，有一位小姑娘，在信中说到她经常被妈妈暴打，所以就来信询问孟非：“亲爱的孟爷爷，我要怎么逃出被妈妈暴打的牢笼？还有，你帮我问问我妈妈，我到底是不是她亲生的。”主持人和台下的观众一听小姑娘这一连串的问题，瞬间就被吸引住了，迫不及待地想要看看到底是怎么一回事。

结果，就受这些问题诱导，大家在讨论小姑娘这个事情时分外热情，也激发了主持人和观众们的发言欲望。最后，经过层层分析调查，事情的真相被揭开了：小姑娘的妈妈秉持“棍棒教育”法，所以才打骂小姑娘。

因为提出来的问题有诱惑力，所以这一期节目不仅场内火爆，场外的收视率也很高。由此可见，用一个有真实内容的、有爆点的、能吸引人眼球的问题做诱饵，既能设置悬念，又能激发对方的讨论、倾诉热情，可谓一石二鸟。

借鉴这一点，我们在询问别人问题时，也可以将问题设置得有悬念、有吸引力。那么，怎么才能让问题变得更有吸引力呢？有一种方法就是先把事情的结论说出来，将答案隐藏在问题中。这有点儿像我们语文中学习的“倒叙”，先让大家知道结局，然后引起大家的疑惑，“是什么造成这样的结局呢”？

同时还要注意，既然是询问对方，那么这个问题或者说问题的结论就应是与对方息息相关的。不是人人都爱八卦，如果与自己没有关系，有些人也不会在意。所以要设置一个与对方有关的问题，这样对方才会想了解整个事情的经过，从而与你交谈下去。

接下来，你在讲述这件事情时，可以每讲一段就故意停顿一下，问问对方的看法，或者是询问对方在当时有没有更好的建议、做法等，让对方也参与其中并始终保持好奇心，“勾引”对方继续听你讲下去。

点睛

每个人都有好奇心，喜欢一探究竟。所以在和别人交谈时，可以用设计悬念问题的方法来引诱对方。要注意的是，这个问题要尽量和对方有关系，或者是能够引起对方的兴趣，这样才能更加引起对方的注意。

37.“题干”就包含你想要的答案

春节期间，我们看到大家去超市购买年货，如果想要知道对方的家庭成员情况，那么应该怎么问呢？最佳的询问方法就是根据对方购买的年货量来询问。如果对方手里提着的东西很多，那么，我们可以这样问：“这么多年货！你家里有多少人啊？”

一般这样问的时候，对方会主动说这些东西是买给家里哪些人的，甚至在说到这些家庭成员的时候，还会不自觉地谈及其他信息，如家里的孩子是在外面上学还是工作，或者是出嫁的女儿和姑爷要来拜年了。

看！仅仅问了一个问题，却得到了这么多信息，就是因为题干中包含了很多我们想要的答案。如果只是单纯地问对方家庭中有几个成员，就不需要前面说“这么多年货”了。正是因为有了这一句，才让对方的回答和年货有了关系，才透露了这么多信息。这就是询问的真正力量。

那么，我们如何在题干中包含自己想要的答案呢？换句话说，如何才能问出我们想要的答案呢？有一个秘诀就是直接问出正确的问题。怎么直接问出正确的问题呢？要知道，现在我们虽然掌握的知识很多，词汇也越来越丰富，但是很容易提出一个错误甚至愚蠢的问题。

造成这种现象的原因就在于我们的思维方式。我们可以对问题进行排列组合，明确问题所针对的范围，加入一些关键词或情感用语，并了解和学会如何进行追踪询问。比如上面例子中的“年货”就是这个问题的关键词，就是在暗示对方，询问者想了解“家庭成员与年货的关系”。所以，这些关键词一般都是些关于具体事实的字眼，以引起对方的谈话兴趣。

还有一个要注意的地方：如果对方提到了某件事却一笔带过，但我们却想要对方展开叙述的话，就可以重复一下对方刚才说的话，尤其是对里面的关键词进行简洁的重复。例如，在我们前面叙述“年货”的例子中，对方主动提到了女儿和姑爷，如果你想要对方将“姑爷”这个话题展开一下，就可以重复“姑爷”这个词，可以问“姑爷也在这里过年吗”之类的问题，对方就会主动接着“姑爷”这个话题说下去。

总之，当我们掌握了正确的询问技巧、学会提出正确的问题之后，就会明显感到自己在询问问题的过程中获得了一些好处，也会让我们轻松地知道很多信息，和对方有一场愉快的聊天。

点睛

问问题的核心不在于多问，而在于善问、会问、精问。拥有好的询问技巧与方式，寥寥几个问题，就可以让我们实现自己的目的。

38. 获得有用答案的关键在“怎么问”

在韩剧《请回答 1988》中，有一集讲到，天才少年崔泽要到中国广州参加围棋比赛，因为他爸爸生病，所以由崔泽的青梅竹马成德善承担起照顾崔泽的责任。结果在比赛的前一天晚上，崔泽所在的酒店房间漏水，暖气也不管用，成德善只好下楼找前台要求换房间。可是，成德善当时是第一次出国，她不会说汉语，英语也很蹩脚，无法和前台进行正常的语言交流，就只好使用肢体语言，连比画带表演，加上面部表情的运用，费了很大劲儿才让前台服务员明白她的意思，给他们换了房间。

当然,《请回答 1988》中的这个案例是因为语言不通而无法正常沟通，才出现“答不对题”的情况。然而，在很多情况下，即使语言相通，人们也会因为询问的方法不当、询问的问题不恰当、被询问人刻意隐瞒等情况导致询问者无法得到自己想要的答案。那么，这个时候询问者应该怎么做呢？这就需要我们了解是哪种原因造成了“答不对题”。

如果是因为我们询问的方法不当，比如说聊的是对方不感兴趣的话题、不了解的话题、厌恶的人或事，那么对方自然不想多说，甚至会对询问者留下一个坏印象。

这个时候，应赶紧更换话题，重新调动对方聊天的积极性。

如果是因为我们询问的时机不对，比如说对方正忙着想事情、做手头的事情，或者正在和其他人聊天，或者是心情不爽、憋了一肚子火，那我们该怎么做呢？我们要么道歉后迅速撤离现场，等到一个好的时机再来询问问题；要么巧妙地插入这场谈话，把自己变成话题中的一员，再将话题朝着自己需要的方向引导；要么讲一些轻松幽默的话题，让对方开心一下……

如果对方顾左右而言他，没有正面回答问题，或者，那就需要我们有鉴别真假的能力了；同时还要思考一下对方为什么不正面回答问题。是因为利益分配不均？还是因为对方不想和我们来往？或是因为对方自己其实也不知道答案？……总之，在询问的过程中，一定要带着脑子去思考、去倾听。

针对上述情况，如果对方给出了没有意义的答案，我们应该如何“变废为宝”呢？关键在于接下来怎么问。很简单，就是“圆”，想办法将话题圆回来。要怎么圆呢？如果对方只是说偏了，我们还能将话题带回来，但是，如果对方就是不想回答呢？这就需要采用“擦边球”策略了。

所谓“擦边球”，就是不采用正面攻击，也不直入中心话题，而是问一些与中心话题看似无关却也稍微有点联系的问题，然后使对方在不知不觉中透露出很多信息。比如我们想问别人中午吃了什么饭，而别人却告诉我们喝了什么饮料，这时我们就可以就饮料展开话题，配合“这种饮料搭配什么东西好吃”等问题继续和对方交谈下去，就很可能套出对方中午吃了什么。

由此可知，在询问的最初阶段只获得一些看似没用的答案也不要紧，只要我们有心，只要我们的询问技巧够高超，也还是可以得到自己想要的答案的。

点睛

要想有一个良好的询问氛围，就需要我们懂得询问的技巧，那就是把握三个词——时机、问题、方式。懂得询问技巧的人会选择一个合适的时机，用恰当的方式，提出一些对自己有利的问题，让询问发挥积极、有效的作用。

39. 理智思考和感情用事

人是感性动物，同时也会理性思考。不论在什么时候，感性和理性都是很重要的。只有将感性与理性相结合，才能发挥最大的作用，在询问问题的过程中，更是如此。

当我们询问别人问题时，别人会给出一些答案，但这些答案不一定就完全正确，对方有可能有所隐瞒，对方的思维也有可能有局限性，对方的回答也只是他的一家之言，所以我们不能不加辨别地就相信对方说的话，还是要理性思考一下，对对方回答条分缕析，看看其是否与我们掌握的信息相符合。

同时还要注意，当对方透露出来的信息与我们一开始就认定的某个结论不谋而合的时候，我们先不要狂喜，要先看看对方的这个消息是真是假，再看看我们之前掌握的信息是真是假。为什么要这么做呢？因为在这个过程中，人很容易对自己所持有的观点和信息有情感上的依恋，对它们百般呵护并盲目地认为自己掌握的信息就是正确的，因此，当别人的观点、信息与自己的观点不谋而合的时候，很多人就会更加确信自己是正确的，或者仅凭这一点就认为对方和我们有着相同之处，从而误以为对方是“知己”。

所以我们一定要事先明白自己的目标是什么，而接下来的询问、思考、分析都是为了达成这一目标。为了达成这个目标，我们就要锻炼自己，耐心倾听那些和我们意见相左的人的论证。因为我们对自己的论证已经驾轻就熟，所以大可放心地去了解其他人的论证，去了解那些我们没有真正全面透彻并加以了解的论证，这样就可兼采百家之长而不致迷失方向。

但是，我们不能只有理智思考，也需要“感情用事”。之所以要这么做，是因为人是感情动物，尤其是我们中国，是一个讲究“人情”的国家。如果只有冷冰冰的理智思考，当我们质疑他人的看法和结论时，有的人可能就会问：他为什么要问我这么多难对付的问题？他为什么横竖不肯接受我的观点？我们这种不断追问的态度很可能会惹怒对方，或者让对方不高兴，从而影响接下来的询问。

因此，在理智思考的过程中，我们还需要打感情牌，营造一个愉快的聊天氛围，让对方知道我们的本意是好的，也是很尊重对方的观点的，并不是有意和他们过不去。如果对方心情不好，不想说了，我们还要关心对方，让我们不显得那么“功利”。

在理智思考和“感情用事”的双重作用下，我们可以采用下列策略问问题：阐明我们对别人言论的理解，再多问一问：“我好像听你说过这个？”提出自己的观点时，多问问对方是否觉得可行、是否可以接受；在理智思考的前提下，是否能发现一个双方都可以接受的新结论；而在理智思考的同时，语言要柔和，态度要谦恭，不然只会惹对方不快。

点睛

人是感情动物，有时会被自己的感情所蒙蔽，所以我们要理性思考。但是，在理性思考的同时也要照顾对方的感受，如果一味地不断追问，反而会显得我们过于冷漠，让对方觉得我们刻薄小气。不论什么时候都要记住，我们交谈、询问是为了获得准确、有用的信息，是为了彼此能够愉快地交流，而不是为了与对方争论不休。

40. 像麦肯锡分析师一样去询问

说起咨询界的翘楚，就不得不说一说麦肯锡公司了。麦肯锡公司主要是为客户提供咨询服务，分析师会根据客户的实际情况以及他们所关心的议题制定一套相对完美的解决方案，帮助客户解决问题。

麦肯锡的分析师为了更好地解决问题，会询问客户一些问题，了解客户的情况和需求，从而和客户一起做出解决方案，渐渐地，就形成了麦肯锡分析法。我们可以将这个方法使用在询问过程中，像麦肯锡的分析师一样去询问问题。

第一步，确定这次询问要达到的目的是什么。在询问之前，一定要弄清楚自己这次询问的目的是什么。是为了交友？还是为了得到一些信息？确定了自己的目的，才不至于像无头苍蝇一样乱撞。即使后来跑题了，只要想起了自己询问的目的，也能将跑偏的话题拉回来。

第二步，根据询问目的设计问题。因为有不同的询问目的，为达到不同的询问效果，设计的问题也不一样。比如同样都是“你吃了吗”这个问题，如果只是为了搭讪、交友，问完这个问题就可以根据对方的回答往对方喜欢吃的东西上延伸；如果是开场白，问完这个问题后就要想办法将话题引到自己的询问目的上。

第三步，找对方感兴趣的话题。不论是交友，还是单纯的询问问题、解疑答惑，都需要有一个良好的谈话氛围，以使双方愉快地聊天。所以，在询问问题时，一定要找对方感兴趣的话题，如果对方对我们提出的问题不感兴趣，或者根本不了解，对话要怎么进行下去呢？

第四步，思考并分析对方的答案。我们常说“尽信书则不如无书”，同样的道理，不要无条件地相信另一个人说的话，要对对方说出来的话持怀疑态度，并思考对方话中的意思，分析有无隐藏含义或话语中隐藏着的性格、“三观”等。

第五步，从对方的回答中找到切入点。事情不可能完全按照我们的想法发展，如果我们准备的问题没有问出口，或者因为一些原因聊不下去了，这时候应该机智一点，赶紧扔掉卡住的问题，再从对方的回答中找到下一个问题的切入点，重新引发对方的兴趣。

《金星秀》有一次请到了著名影视明星陈坤，那个时候，陈坤被狗仔爆料出他有一个十几岁的儿子，但是众所周知，陈坤没有妻子。这个爆料刚出来没多久，陈坤就参加了《金星秀》，如果是其他节目，为了挖新闻说不定就会问陈坤“孩子的妈妈是谁”这样的问题了。可是金星没有这样做，而是直接像往常一样聊天，聊着聊着就聊到了家庭，然后陈坤就说起自己的儿子了。接着，陈坤不等金星发问，就直接说了这么一段话：“我儿子年龄小的时候也会问我妈妈去哪儿了，我就直接告诉他，没有妈妈，就是我和你，我们两个人一起生活。”金星就知道，关于“妈妈是谁”这个话题是不能聊的，于是金星就不再揪着这个话题不放，而是将话题转移到了作品上面。

综上可知，麦肯锡分析师的询问方法是一套相对完美和万能的询问策略，我们可以在很多情况下通过采用此方法取得一个良好的询问效果。不过也要注意具体情况具体分析，同时要做出适当的改变，不能千篇一律地照搬，别让“万能钥匙”变成另一重“枷锁”。

点睛

确定询问目的，依据对方感兴趣的话题设计询问的问题，再根据对方的回答进行理性思考和分析，从对方的答案中找到新的切入口，获得我们想要知道的信息和答案。这就是麦肯锡分析法的步骤和精髓所在。

41. 淘金式思维下的询问法则

对于淘宝，大家都不陌生，几乎每个人都从上面网购过物品。不过，只有亲身网购过的人才知道，淘宝尽管包罗万象，却品质不一，没收到货之前，谁也说不准你买到的是优质品还是劣质品。所以就需要你掌握一定的淘宝技巧、有一定的淘宝经验，才能有更大的概率买到好东西。

这种方法在逻辑思维中就是淘金式思维，非常适用于我们日常的询问。在很多时候，那些有用的信息就和淘宝网上的好东西一样，既没有贴上“我有用”的标签，也不会自己跑出来说“我有用”，它们需要你用智慧去发现。那么，怎么才能知道对方说出来的信息是有用还是无用的呢？或者说，怎么询问才能让对方说出有用的信息呢？

淘金式思维就是自己掌握主动权的一种思维方式。当你询问别人问题后，别人也给予了回答，但是，对方的回答是真是假，你选择相信什么、忽略什么，就要你自己来决定和取舍了。也就是说，淘金式思维重在主动参与，需要你在获取信息的过程中能开展积极的互动。

所以，要想正确运用淘金式思维下的询问法则，就需要你对即将询问的问题有一定的了解，需要你带着问题展开询问，在对方回答、反馈的过程中，你也可以反驳或加深问题。总之，这就是在一场有互动的询问、对话中披沙拣金，需要不断地询问并思考对方的答案。

由此可见，懂得如何询问非常重要。要知道，询问的艺术不在于你来我往地抒发己见，而是在一问一答之间获得我们想要的信息。如果只是进行一些毫无目的的询问，那么得出来的答案自然也是毫无意义的，因此，我们需要掌握以下几种询问的方法，才能从众多沙砾中挑拣出真正的“黄金”。

第一，要对你即将展开的问题和询问对象有一定的了解。为了更好地发挥询问的作用，需要在询问之前进行一番思考和准备，比如：我要问什么？我想要得到的是什么样的答案？对方关于我提出的问题会有什么样的反应？如何提问才能吸引对方的注意？

第二，在询问的过程中，尽量将问题朝着你所在意的地方引导。不仅如此，这些问题最好还能引起对方的注意。所以需要你精心设计询问的问题，问题必须要有一定的计划性，才能成功引导对方的思考方向。

第三，对于对方的答案，你要学会鉴别和筛选。你需要本身掌握一定的信息，有真才实学，才能在信息的河流里淘出属于你的金子，找出最佳判断或最合理的看法。

总之，淘金式思维下的询问法则就是质疑你得到的答案，并挑选出真正的答案。这不仅需要你有严密的逻辑思维、丰富的知识储备，还要有辨别真伪的能力，才能在对方做出看似令人信服的解答时不被蒙蔽，找出你真正想要的“金子”。

点睛

淘金式思维下的询问是不会等着对方主动回答的，而是和我们上网淘宝一样，需要主动浏览信息，并把对方的回答和我们已知的信息进行参照、比对，同时对获得的信息进行思考，这样我们才能去伪存真。

42. 摸清对方的“心理透视法”

“今天也没做什么好饭好菜，如有招待不周的地方你们要跟我说。”

“我这个方案还有不成熟的地方，大家有什么建议都说说。”

“我有什么做得不对的地方，欢迎大家多提宝贵意见。”

……

你在生活、工作中是不是经常听到别人说这些话？有很多人都知道这只是对方的客套话，不能当真，但是有些“傻子”真的把这些话当了真，真的把对方的不足和不周之处指了出来。结果，对方不仅脸色青紫交加，心里肯定也气得要死，场面甚是尴尬。然而这些“傻子”还搞不懂，特别委屈：“不是你让我说的吗？”

为什么会出现这种情况呢？因为中国人说话，“七分实、二分虚”，喜欢说客套话，喜欢迂回地说。有些话只是表示了一种姿态，并不是真的要求别人做什么，比如我们日常中常说的那句“改天有空儿一起吃饭”，这个“改天”就是空话；有些人说话表面是一个意思，实际上表达的是另外一个意思，需要你自己去领悟、去体会。所以，我们在和别人交谈的时候、在询问别人问题的时候，不要别人说什么你就听什么，还要用心理透视法看清对方的心理，从对方的言辞中读出对方的真实心理，看出对方语言背后隐藏的实际意思。

首先，听话听声，锣鼓听音。一个人的言谈举止能够表现出他平常的性格，以及对另一个人或另一件事情的看法、态度。如果一个人语速比较快，则说明他性子急，我们在询问他们问题、和他们交谈时可以快速说出自己的需求，不要拖泥带水；如果一个人很健谈，大道理讲起来一套一套的，你就要小心了，这类人一般比较圆滑，说话喜欢拐弯抹角，很多信息需要你从他的话语中自己分析。

其次，小动作不可忽视。有些人在说话时有很多小动作，我们就要通过分析他的小动作，来看他内心的真实反应。如果一个人在你询问他问题时眼珠子转动得特别快，就说明他正在急速思考要怎么跟你对话，这种情况下，他要么有事隐瞒，要么底气不足；如果一个人面对你的询问时面色紧张，说出来的话也是模棱两可的，那么他很有可能自己也不知道答案；如果一个人满嘴客套话，无论说什么都笑脸相迎，就说明这个人防备心比较重。

最后，小心语言圈套。中国话博大精深，一句话，因为多了几个字、少了几个字，或者同音不同义，就能完全变了个意思。

例如，在真人秀节目《极限挑战》的一期里面有两个“卧底”，分别“潜伏”在两个队伍中。黄渤、黄磊和罗志祥是一队。黄磊就问其他两个人谁是卧底，同时自己发了毒誓：“我不是卧底，我要是，这一年都工作不顺。”然后，罗志祥说：“我要是卧底，就十年工作不顺。”到黄渤时，黄渤举起手说：“一辈子工作不顺。”最后发现黄渤是卧底。黄磊惊讶地问：“你不是发了毒誓吗？你还敢这么说。”黄渤却说：“我又没说是谁不顺。”

看！黄渤在这里就是典型的钻语言的空子，因为没加主语，所以他说出的“毒誓”就当不得真。生活中类似的例子不胜枚举，由此可见，摸清对方的真实想法是多么重要！

点睛

古人常说：“偏听则暗，兼听则明。”既然大家的客套话、虚话那么多，不肯开门见山、有话直说，那么，我们就“兵来将挡，水来土掩”，使用心理透视法，透过表面语言看透一个人的内心，走进一个人的内心。

43. 奥卡姆剃刀询问法

哲学上有一个非常常用、实用的定律，叫作“奥卡姆剃刀定律”。奥卡姆剃刀定律的原则就是“简单有效”，提倡“不要浪费较多的东西去做一件原本用较少的东西就可以做好的事情”。这个定律一经提出，就被运用到各个领域，尤其是在语言学领域，人们提出了奥卡姆剃刀询问法。

奥卡姆剃刀询问法，顾名思义，就是像一把剃刀一样，利落地剔除所有累赘、冗长、复杂的东西，尽量简化问题和语言，直击要害、快速问答。在询问问题的过程中，为什么要使用奥卡姆剃刀法呢？难道不担心问得不够清楚明白吗？对此，我们要清楚，使用奥卡姆剃刀法不会让我们问不清楚，相反，奥卡姆剃刀倡导的“简化”法则，恰好是对付复杂与烦琐的最有效的方式。

在《生活大爆炸》中，有这么一个生活片段。一天，潘妮、谢尔顿、艾米和莱纳德一起玩“你画我猜”的游戏。第一个词语是“指甲油”，潘妮直接在黑板上画了一只手，然后在指甲处点了几下，艾米就猜到了是指甲油。但是谢尔顿呢？他竟然联想到了“德国香肠”“太阳系”“哥白尼”等，想要靠着同音、同义让同伴来猜词，没想到却无形中加大了难度，反而让莱纳德迟迟猜不出答案。

要知道，当今社会的发展是很快的，每个人的生活节奏都比以往快了很多，因此大家也越发繁忙了，没有多少时间可以浪费。尤其是陌生人之间，更是希望能快刀斩乱麻，不要因为一些不重要的问题耗费大家的时间，所以我们才会提倡奥卡姆剃刀询问法。

首先，在询问时开门见山、去掉客套、简化语言。

在询问时最好能开门见山，明确提出问题，不要说一堆客套话。而且，在询问问题时，宁可多问几个问题，也不要为了省事儿就提出一些过于复杂和冗长的问题。比如：“请问你们多长时间订一次货并全部销售出去？”这就是典型的将几个问题糅合在一起的做法，使提问复杂化了，很容易让对方感到厌烦，而且，也让对方难于理解。如果对方没听清，还需要你再重复问一遍，看似问题少了，却加大了工作量。所以，提问应尽量做到简单、明确。

其次，询问问题时要抓住重点，避免偏题。

虽然询问问题要尽量简化，但这不是让你把问题简化得前言不搭后语，也不是让你把必要的修饰去掉。比如说，你询问别人问题时要有最基本的礼貌用语。例如，如果将“请问，您知道 ×× 是怎么一回事吗？”直接改成“你知道 ×× 是怎么回事吗？”，就算对方涵养再好，也会觉得自己不被尊重，不想听你接下去怎么说。还有，把问题简化不是没有重点地瞎问，要有一条主线，这样才能获得你想要的信息。

由此可见，询问不是一件简单的事情。说的客套话太多不行，不说客套话也不行；问的问题复杂了不行，问不到点子上也不行。尽管奥卡姆剃刀询问法讲究简化，但是“简”到什么程度，“化”成什么样子，这个度还需要把握好，不然就不能起到它应有的作用了。

点睛

你在使用奥卡姆剃刀询问法时，可以让问题删繁就简，少一些障眼法和模棱两可的说辞，得到去伪存真的答案，在抽丝剥茧中抓住问题的真相。

Chapter 5

不要说你想说的，说对方想听的

44. 想一想，你真的把话说清楚了吗

不论是在生活还是在工作中，有些人对自己都有一种“迷之自信”，认为自己相信的都是真理，自己拥有的都是最好的，自己问的问题也是很容易回答的！相应地，别人相信的都是谣言，别人拥有的都是“垃圾”，别人回答不出来问题是因为“他们脑子笨”。

然而，事实是残酷的。有时候，正是因为我们“身在此山中”，反而看不清山的样子，更别说那些山外之人的样貌了。所以，在你抱怨别人答非所问的时候，不妨仔细想一想，自己有没有将话说清楚、将问题问明白？

要知道，社会上的人形形色色，每个人的生长环境、立场、教育背景和工作性质不同，因此，在芸芸众生中，总会发生一些意想不到的误解和误会，甚至是一些“常识”上的错误。所以，我们在交谈、询问的过程中，应该注意语言表达的方式，掌握一套化解误会的说话技巧，以免造成一些不必要的误会，出现令人啼笑皆非的“事故”。

第一，简单不是简略。前文提到，说话应该简单明了，不然容易浪费时间，也容易让对方不明白其中的意思。有些人把“简单”理解成了“简略”，在说话、询问问题时省略了一些言辞，结果却把问题的意思也弄错了，对方反而搞不清真相，不知道询问方在说些什么。

第二，顾虑太多招人嫌。俗话说，“小心驶得万年船”，因此有些人在和别人交谈时，因为害怕说错话、问错问题、惹对方不高兴，就会比较注意、小心一点。但是，也有些人，因为太过小心、顾虑太多，不敢大声说话、倾情发问，反而给人留下畏

首畏尾的印象，让对方觉得这个人不真诚。由此可见，太过含蓄并不是美德，反而会让你束手束脚。

第三，没有主次和重点。有些人是发散性思维，说话也是如此，一会儿问对方吃饭了没，一会儿问对方天气怎么样，一会又问对方吃了什么饭，这样一番询问下来，对方一头雾水，不明白你询问的重点和目的是什么。

既然知道了说话时容易出现的毛病，那么，怎样才能尽量使自己的话不被别人误解呢？

首先，不要随意省略主语和关键词。在一些特殊的语境下确实可以不说主语和关键词，直接省略，或者用代词代替就可以，但是，这必须是在交谈双方都明白的基础上，否则随意省略这些主语和关键词，对方不知道你在说什么，自然无法回答问题。

其次，在使用多音、多义字词的时候要多一些注意。汉语博大精深，有很多同音不同义、一词多义的现象，也有很多近义词，再加上方言的存在，当这些词语出现在口头语言上时，如果使用不当、表达不清楚，就很容易产生歧义。

再次，少用“非正常词汇”。什么是“非正常词汇”呢？这个是相对而言的。对于文化水平较低的人来说，如果你在询问对方问题时使用文言词汇，这些文言词汇对对方而言就是“非正常”的，对方自然听不懂。同样，对不懂中文的老外说中文、对老年人说流行网络用语等，都不利于感情的交流和语言的表达。

最后，说话要抑扬顿挫，有感情色彩。大家都是人，不是机器人，说话不用一个字一个字地往外蹦，也不用像开机关枪一样毫不停顿地说一堆。一般情况下，大家说话都是有快有慢的，还会有适当的停顿，把句子断开说，这样才方便别人理解。

综上可知，虽然我们上下嘴皮子一碰，就能说出一堆话来。但是，要想把话说清楚并不简单，需要掌握一定的说话技巧。所以，多练习一下如何说话、如何问问题吧！

点睛

如果连话都说不清楚，那么不仅别人听不明白，自己也得不到想要的答案，这些都很让人头疼。所以，说话、问问题时措辞要尽量清晰准确一点儿，让彼此都明白对方的意思。

45. 重复对方的话

在喜剧电影《人在囧途》和《泰囧》中，王宝强饰演的都是天真、真诚却有点傻的角色，他有很多东西不明白，闹了很多笑话，还惹得徐铮不止一次对他说“你复读机呀！别学我说话”。说到这里，估计很多人都很赞同徐铮在电影里面的观点，认为那些一直模仿、重复别人的话的人实在是太烦人了。

重复别人的话次数多了确实会让人烦，但是，事物都有两面性，如果你掌握好了这个度，就能让这个“烦人事”变成“加分点”。

重复对方的话，可以让对方主动说下去。当你去询问别人时，如果只是因为对方没有说到你在意的点，你就开始走神——要么眼睛不由自主地飘向对方的嘴巴、手，要么像一尊雕像般凝望着窗外，甚至眼睛不舍得离开手机——那么对方虽然口里不说，但心里多半很恼火，又怎么会想继续跟你交流呢？你又怎么会得到自己想要的信息呢？

另外，如果你恰巧碰到了一个说话啰里啰唆的人，一个简单的问题能说东道西地扯十几句没用的，这个时候你是不是很烦？所以，在这个时候，你要忍住！你为了得到想要的答案，不仅要认真听对方说，还需要重复你在乎的那句话或关键词，告诉对方你在认真听，对他的谈话也很感兴趣。

重复对方的话，可以避免尴尬和冷场。当你询问的对象是一个不善言辞的人的时候，为了避免场面尴尬，也需要不断地抓住对方话语中的关键词，并不停地重复给对方，启发对方讲话。如果对方很健谈，也不意味着你就不用说了，必要的时候还是应该适当重复一下对方的话，与对方互动一下，才不至于让对方一个人唱独角戏。

重复对方的话还有一个好处，那就是有利于自己思考。如果你听清了对方的话，再重复一遍就相当于是在确认一下信息，这样即使在你反驳对方时也还能把对方的观点消化一下，显得你有理有据。而且，如果你适当地重复对方的话，还会给对方一种“我在诚心解决问题”的感觉，让对方知道你们之间没有误解。相反，如果你没有听清对方说的话，就急于反驳，不仅驳不到点子上，反而会让对方觉得你胡搅蛮缠，变询问为争吵，这样就不好了。

既然重复对方的话有这么多好处，那么，如何掌握好这个“度”，才不会让重复别人的话变成一件惹人厌烦的事情呢？很简单，就是不要不分主次地全部照搬对方的话，也不要只是重复对方话中的最后几个字，而是应该提及话中的重要性话语和词汇。

例如，你的朋友兴高采烈地对你说：“我升职做主任了！”这时候，你最好的反馈就是重复对方的话：“你升职做主任了？”不过，说话重音的位置不一样，就会产生完全不一样的意思。如果你是一脸惊喜地将话中的重点放在“升职”上，对方肯定会很高兴，与你大说特说他的升职之路，你就可以了解更多信息。但是，如果你一脸惊奇地将重点放在了“你”上面，你们之间的气氛就一下子变了，对方会觉得你是在讽刺他，觉得他难当大任，自然也不会“热脸贴冷屁股”地找你说什么，而是让这段对话草草收场。

只有找到了对方话语中带有感情色彩的关键词语，才能知道对方的所思所想，才能把对方说的话与你想要的信息结合起来。这样重复出来的话语是非常有力的，不仅能够让对方认为你对他的话题感兴趣，还能让对方更愿意透露更多信息，在彼此之间营造一个良好的氛围。

点睛

在与对方进行交流时，不要有先入为主的念头，而要集中注意力听对方在说些什么，然后，用心找到对方的感情用语或关键词并重复它，就能让对方对你产生兴趣、引发好感。

46. 争取询问的主导权的技巧

江苏卫视的婚恋节目《非诚勿扰》很火爆，除因为主持人风趣幽默外，还因为这个节目的设置很有意思。有意思在哪里呢？不知道你们发现没有，这个节目如果从询问、说话的角度划分的话，主要分为两个部分——女嘉宾提问和男嘉宾提问。有人会说这有什么差别吗？当然有！这就是谁占据了询问的主导权的差别。

每上来一个男嘉宾，一般前两个环节都是各位女嘉宾就各种问题询问男嘉宾，男嘉宾基本上都在回答问题。如果男嘉宾回答得好，就很可能进入最后一个环节，如果男嘉宾哪个问题没有说清楚，或是回答不好，就会被刷下去——因为女嘉宾掌握了询问的主导权，她们能决定男嘉宾的去留。等男嘉宾过关斩将后，就到了最后一个环节，这时男嘉宾才有询问女嘉宾（留灯女嘉宾）问题的权利，他才能决定女嘉宾的去留。

常言道："打仗要占高低，骂人要先讲理。"从这个例子中我们可以看出，谁在询问过程中占据了询问的主导权，谁的"胜算"就更大。那么，如何才能赢得询问的主导权呢？

要想赢得询问的主导权，可以先让对方放松一下，主动营造一种轻松、平等的交流氛围。比如先询问对方身边出现的有趣却很平常的小事情，或者是对方很感兴趣的事情，措辞要尽量幽默一点、搞笑一点，如此一来，既拉近了对方跟你的亲切感，也缓解了对方的紧张心理，即使对方再木讷也会多说几句。

要想赢得询问的主导权，也可以控制谈话的节奏，影响对方的意志和心情。比如你可以选择对方喜欢的谈话方式和节奏，并在一开始就言明自己支持对方的观点，让自己和对方成为"一国人"，引导对方说出更多信息。你也可以根据情况放慢或加快自己的语速，控制整个谈话语境，从而影响对方。

要想赢得询问的主导权，还可以假装自己处于弱势地位，借此赢得对方的同情和帮助。比如故意暴露自己的缺点和不足，让对方知道自己在某些方面是"不行"的，激起对方的表现欲和保护欲，让对方主动告诉你应该怎么办，或者帮助你做一些事情。这样看似是对方在自觉自愿地帮助你，实际上是你的计谋引导所致罢了。

要想赢得询问的主导权，更可以戴上面具，不让对方看清你的庐山真面目。在人际交往中，最好保持一点神秘感，可以引起对方的注意。同样地，询问也是如此，否则，对方看穿了你的意图，就掌握了主导权，有时候会故意刁难你，让你处于被动之中。

要想赢得询问的主导权，也可以通过找准时机改变话题，给对方一棒。如果对方来势汹汹，你可以暂避锋芒，等到对方消停之后，你再稳、准、狠、适时地更换话题，转守为攻，让自己掌握主动权。比如，使用“不过”“但是”“可是”“然而”等词语，既能不着痕迹地扭转话题，又不会因太过突兀而令对方反感。

要想赢得询问的主导权，你还可以巧用休息策略。如果当时的谈话对自己不利，一时半会儿又难以扭转局面，你就可以停止询问与讨论，适当休息一下。你可以利用这段时间认真思考一下，权衡对方话语中的利弊，等重新开始交谈的时候，就可以对刚才的谈话提一些问题和希望，争取将询问的主导权掌握在自己手中。

任何事情，占据了主导权就相当于抢占了先机，就有更大的获得成功的可能性。询问也是如此，你只有争取到询问的主导权，才能将话语权掌握在自己手中，让对方说出你所希望得到的信息。

掌握询问主导权是为了让对方多说话、是为了得到更多有用的信息，不是为了咄咄逼人，更不是为了奚落对方，否则很容易破坏谈话的良好气氛。

47. 应对会议终结者

在看情景剧《生活大爆炸》时观众朋友们会发现，每次莱纳德、谢尔顿、潘妮等人开的家庭会议都解决不了什么问题。这是因为他们中间有一个会议终结者——谢尔顿。

谢尔顿是一个物理博士，天才，有着超高的智商，但他是个生活“废材”。所以，当他参加家庭会议的时候，总会问出一些令人啼笑皆非的问题，否定别人的一个又一个答案，却也找不出更好的答案，让会议每每夭折。

大家不要以为谢尔顿只是个例，生活中像他一样的会议终结者比比皆是。有些人之所以会成为会议终结者，是因为他们没有良好的沟通能力。那么，如果你也参加这样的一场会议，要怎么做才能很好地应对这些会议终结者呢？很简单，就是找出对方的问题，再施以补救。

如果对方不善言谈，你就要想办法引导对方说更多的话。比如你可以询问对方，“关于××点你有什么看法？”“你对于××事件怎么看？”等。一般你问出问题后，对方就会作出回答，然后，你再根据对方的回应就某一点展开细节描述，进一步引导话题，让会议进行下去。

如果对方思路不清晰，你就要想办法将跑偏的对方拉回来。有些人的观点不错，但是逻辑思维能力很差，在表达观点时没有重点，还废话一箩筐，这个时候，你就需要时刻谨记会议的主题是什么，并提醒对方，根据对方回应的观点引导对方，做到不跑题，会议自然也就没那么枯燥了。

如果对方性格内向，一在会议上说话就紧张，那你就要想办法鼓励对方、支持对方。当对方磕磕巴巴忘词的时候，你可以用询问的方式适当地提醒一下对方，比如“你刚才说的观点是××意思吗”，帮助对方想起他接下来要说的话题。或者，你也可以与对方进行眼神交流，让对方感觉到你的鼓励与支持，让他有讲下去的信心和勇气。

如果对方讲的东西太过深奥，你就需要将深奥的问题简单化。有些人讲的东西玄之又玄，让人听不懂，这时候，你也不要因此就破罐子破摔，不要既不向对方发问，也不接对方的话茬，或者仅用简单的“嗯”“哦”来回应。没听懂就应该继续发问，用自己理解的观点去询问对方，让对方作出解释。不然，你不发问，对方得不到回应，就会产生一种“众人皆醉我独醒”的孤独感，不会有想表达的欲望了。

如果对方是个拐弯抹角的人，你就需要看透对方话语背后的隐藏含义。在会议上，有些人因为自己的利益，或者是性格使然，导致他不愿意直接说出自己的诉求，而是说一些冠冕堂皇、毫无实际意义的话，给人一种“这个人不靠谱”“这个人油嘴滑舌，没有真材实料”的感觉，自然也就没有人愿意去了解他想要表达什么，这场会议自然就显得枯燥无比了。但是，如果你听出了对方的弦外之音，你就知道对方的真实目的了。

综上可知，一个人之所以会成为会议终结者是有着各方面的原因的，你要做的就是找到破解之法，帮助他们克服这些困难，让对方准确、顺利地说出自己想要表达的观点和思想。

点睛

在询问问题时，可以从对方的角度出发，看看对方有哪些需要解决的问题，并理解对方的想法，引导对方跟着我们的思路走，让对方在会议上也能说出自己的观点、让别人明白他们的观点，而不要三言两语就终结会议。

48. 应对故意刁难者

一次，在一个联欢晚会上，某著名笑星被一名观众当众提问：“听说你在全国的喜剧演员中的出场费是最高的，演出一场需要一万块钱，请问是这样吗？”

该笑星一听对方问这样的问题，就知道这个观众不是“善茬”，是来故意刁难的。为什么这么说呢？因为这个问题很不好回答。如果他好好回答这个问题，作出了肯定的正面回答，那么就中了对方的圈套，对方肯定还会有更犀利的问题等着他；但是，如果他否定了这一说法，反而会显得欲盖弥彰，也不容易让大家相信；然而，他还不能一本正经地说“请您不要问这样的隐私问题”，因为这是在一场晚会上，这样说很容易把晚会的气氛搞僵。

幸亏该笑星聪明，沉吟片刻后，他没有直接回答问题，反而用他独特的东北小品口音问了对方一个问题：“这位同志的问题很突然啊，请问您在哪里工作？”

“我在一家电器经销公司。”那位观众说。

“哦，那你们主要销售什么产品呢？”他又问。

观众虽然觉得这问题很无厘头，还是回答了：“有录像机、电视机、录音机等。”

“一台录像机要多少钱？”

“4000元。”

“如果有人给你400元你卖吗？”

“那肯定不能卖啊！产品的价格是根据产品的价值决定的。这400元肯定不够买录像机啊。”

这位笑星笑了，说道：“说得挺好。我也觉得是这个理儿，作为一名演员，我出场的价格也是由观众朋友们来决定的。”

经过一番询问与问答，这位笑星采用“打太极”的应对方法，不仅避免了正面回答问题，还把“出场费是不是一万”转化成了“价格是由什么决定的”，偷换了概念，轻松应对了别人的故意刁难，既回答了问题，也让交谈的气氛变得非常和谐轻松。

有一句话叫作：“不怕无心人的错误，就怕有心人的刁难。”而生活中偏偏有些人喜欢刁难别人，因此，当你在询问别人问题时，如果不想被别人刁难，就不要去打听、询问与对方有关的隐私问题。如果实在没忍住问出口了，而对方没有回答，你绝不能为了自己一时的好奇心在这些问题上纠缠不休，应该见好就收。

面对对方的故意刁难，你不妨冷静以待，一边故作不解地周旋，一边回想自己有没有做错的地方。如果你哪里做错了，或者说错了话，就赶紧诚恳地道歉；如果没有，那就要仔细想一下对方刁难你是为何，是心情不好还是看你不顺眼？

在想原因的同时，还要应对对方的刁难，这时候应该学会圆融变通，让刁难者有劲儿使不上。怎么做呢？很简单，要么答非所问，用无关话题的事情来推脱；要么避重就轻地回答，利用“模糊”语言让你话中的意思更具有弹性；要么从对方的话语中找出一个关键概念偷换一下，诱导对方自我否定，无言以对；要么故意答错，提前堵住对方的刁难。

总之，在面对挑衅的时候，如果正面回答问题没有用，或者不太好的时候，就需要学会随机应变，看情况行事，既能释疑，又显得得体。

点睛

面对别人的刁难不要气急败坏，也不要记恨，更不必硬着头皮去找正确答案，而应该用平稳的心态，幽默机智地去应对，或者将错就错，或者偷换概念，或许反倒会取得一个良好的效果。

49. 让对方进入你想要的状态

都说岳飞带领的岳家军厉害，你知道厉害在哪里吗？据史料记载，岳飞是一个非常善于攻心的将领，他在每次打仗前都会进行一番“演讲”，让他的士兵死心塌地去打仗。那么，岳飞是怎么说的呢？和其他将领不同的是，岳飞没有讲什么高官厚禄、奖赏银钱，他只是站在高台上，要求底下的将士们闭上双眼，然后开始打感情牌：“将士们啊！你们要是不想打仗了就回去，没关系，每个人有每个人选择的自由，我不会怪罪你们的。不过，你们在放下武器之前，先想想那些被金人奸杀掳掠的亲人们，想想那些手无寸铁的老弱妇孺们，想想那片埋葬着我们祖先的土地吧！你们觉得他们能安心吗？能瞑目吗？”

等岳飞讲到这里的时候，那些闭着眼的将士们已经满脑子都是伤痕累累的大地、倒塌的房屋、被杀害的亲人、被奸淫的姐妹们……他们被激起了强烈的斗志，又如何能安心卸甲归家呢？于是，不等岳飞说完，这些将士们纷纷喊叫：“不能！”

岳飞看着众将士们的反应，很是心满意足，最后又说道：“我知道，各位将士骁勇善战，却也厌倦了这种打打杀杀的日子，你们渴望安定、想要回家，我是可以理解的，但是，金兵正在虎视眈眈地觊觎这块土地，国将不国、家将无家，我们如何回得去呢？我们都是热血好男儿，不如一起杀退金兵，再风风光光回乡、保家人一片安宁，这样可好？”这时，台下已是一片“杀金兵、保家国”的喊声了。

由此可见，岳飞是一个很有计谋的武将，他能将将士们带入他设定好的“情感陷阱”，让对方进入他想要的状态之中。因此，在谈话过程中，在询问问题的时候，大家都可以借鉴岳飞的这一计策，给对方一个展示利害关系的平台，让他们自己去选择、去作决定。等到对方心甘情愿地进入你想要的状态后，就可以牢牢地引导他们说出更多有用的信息，让询问有问必答、真实有料。

那么，如何才能让对方进入这种“有问必答”的状态呢？不外乎以下几点。

第一，互惠互利，让对方看到利益所在。“天下熙熙，皆为利来；天下攘攘，皆为利往”，大多数人不会做吃力不讨好的事情，所以，不如一开始就与对方讲明白其中的利害关系，与对方结成联盟，对方才会与你分享他所知道的事情和答案。

第二，摸清脾性，引诱对方入套。有些人心性善良，看不得别人痛苦；有些人性格火暴，受不了别人挑衅；有的人不善言谈，无法与人主动交流……因此，我们在询问对方问题时，可以从对方的性格、脾气等方面入手，或装可怜，或用激将法，或主动攀谈，和对方变成无话不谈的“好朋友”。

第三，死缠烂打，三句话不离主题。有些人很聪明，面对你的各种询问方式和问题，都能轻松应对，顾左右而言他，就是不认真回答问题。这时候，你就可以采用“拖”字诀，别轻易放弃，而且，无论对方说什么话题转移你的注意力，你都要将这次询问的主题带回来，不能跟着对方跑偏了。

所以，没有攻不下的城墙，也没有问不出的答案，就看你是怎么询问的。只要你询问的方法得当，对方很快就会跳进你设置的“牢笼”之中，成为你的瓮中之鳖，说出你想要的信息和答案。

点睛

摸清对方的脾性，让对方看到有利可图，掌握了这两点，你就犹如有了两把开锁的钥匙。这时，你再明确自己的主题，找到这把钥匙能打开的锁，就能让对方进入你想要的状态之中。

50. 抓住信号性字眼

鲁豫是非常著名的主持人，她在《鲁豫有约》这个节目中访问了很多明星、名人。最近一次，鲁豫访问了亚洲首富王健林，大家来看看鲁豫是怎么提问的。

鲁豫得知王健林在无锡建立了一座万达主题游乐园，她想要多了解一下王健林以及他的“万达集团”，但是，她又不能一开口就问“听说你在无锡建立了一个游乐园”这样的问题。正好，无锡与上海离得很近，而上海建造了迪士尼乐园，于是，鲁豫便把话题转到了迪士尼乐园上，问道：“你有派人到迪士尼去看一下吗？”

“那还用看吗？设计图纸都知道，不用看。”王健林回答。

接着，鲁豫又问道：“我看网友们都在吐槽迪士尼的价格特别贵……”

“它没办法，它成本太高，是纯室外游乐园。我们面积跟它差不多，设施是它的一倍。”

“那价格呢？”

“我们的成本只有迪士尼的1/8、1/9，他们的管理成本也是我们的5倍，所以价格才那么高。万达的没有那么高的价格。”

“但是迪士尼开办在上海，会不会有一定的地理优势呢？”

“确实有一定的优势。但是，因为我们是在无锡建立的主题公园，而无锡正好处在上海、南京、杭州这个等边三角形的中心，大家坐轻轨30分钟就到了，很方便。”

大家看整个访问的过程，一开问，鲁豫就拿万达游乐园的对头迪士尼说事儿，询问了一个相当有火药气息的问题，被王健林霸气回应了；然后，鲁豫提到了“价格”，虽然看似是陈述句，但是却饱含询问的意味，果然，王健林就此做了解释，说迪士尼成本高；鲁豫根据王健林说的成本问题，又问万达的价格怎样，还根据地理环境询问万达在无锡建立的优势是什么。

可以看出，鲁豫的问题都很简短，她问的这些问题都是根据王健林给出的回答来逐步加深的，却个个问题都抓到了信号性字眼。什么是“信号性字眼”呢？顾名思义，就是能传递消息或命令的字词、声音、动作、符号等。比如日常生活中最常见的眨眼睛、咳嗽等，其实就算得上是信号性字眼。

与人交谈、询问别人是一项需要双方都参与的活动，如果一方的状态不太好，那么这个交谈的过程就无法进行下去，或者是进行得不那么愉快。而且，当你在询问对方问题的时候，你的目的是让对方多说，是为了从对方那里获得更多的信息，所以，就需要你能抓住信号性字眼，看看哪个话题可以多说、哪个话题要少说、哪个问题能够进一步挖掘、哪个问题需要就此打住。

如何才能准确地抓住信号性字眼呢？你需要这样做。

第一，学会认真倾听。询问问题、倾听别人说话都是一件技术活，不是可以一心二用的事情。要知道，同样一件事、一句话，对方颠倒一下顺序，或者改变一下语速、语气，都很可能产生不同的效果。所以，在与人交谈时最好能集中注意力，听明白对方在说什么。

第二，学会快速思考。因为询问过程是在一问一答中进行的，整个进程都很快，不可能你问别人一个问题，别人一天后再回答你，或者让别人等你思考一天后再让你问第二个问题，这就不是面对面的询问了。所以，你应该培养自己快速思考的能力，在对方说完后就迅速抓到关键字眼，或者是准确接收到对方发出的信号电波，想好接下来要怎么问、问什么。

第三，学会斟酌字眼。在具体的询问过程中，信号性字眼一般都是双方在意的内容，它能够进一步加深彼此的对话。所以，你应该学会斟字酌句、润色文本，让对方更好地理解你询问的内容，同时抓住对方使用的信号性字眼，帮助你更好地理解对方想要表达的意思。

看到这里你就明白为什么说“询问术”是一项技术了吧？因为询问是一项可以通过后天训练日臻完美的技能。只要你掌握了询问的技巧，就能知道怎么问对方，对方才会愿意说，就能明白如何才能抓住对方话语中的关键点、找到问题的核心和突破点，继而让自己明白对方话语背后的深层具体内容。

点睛

抓住信号性字眼，就是弄清楚对方话语背后的意思，把一些关键点放大，并将这关键点一层一层展开，呈现出完整的内容。

51. 倾听对方的话外之意

不论是 QQ 空间、贴吧，还是微博、朋友圈，都能经常看到人们对可爱、有气质等词语的不同的理解。什么意思呢？如果有人夸一位女生可爱，那意思可能是说她不够漂亮；如果说一位姑娘有气质，那可能是说她性格好。这样的说法是从何而来的呢？是从别人话语中的言外之意中琢磨出来的。所以，在倾听别人说话时，弄懂对方的话外之意很重要。

人类的语言是一个很神奇的东西，同样一句话却可以有很多种意思，比如，当有些人说你心直口快的时候，对方很有可能是在说你这个人情商低、不会说话；当有些人说你为人豪爽、不拘小节的时候，也有可能是在说你这个人不注重细节、比较粗心；当有些人说你有个性、特立独行的时候，很有可能是在说你这个人不合群、和其他人不一样……

这正如彼得·德鲁克所说的，“沟通中最重要的是能听出对方没有说出的信息”。当你去询问别人一些问题，对方因为不方便说、敷衍或是因为其他原因无法明说时，就需要你能够听出对方“话里话外的意思”。那么，如何才能有效地听出对方的言外之意呢？如何才能知道对方的言辞下所掩盖的真实想法呢？这就要动点心思才行了。

第一，听出对方的言外之意，有一个最基本的技巧——揣摩。要知道，询问的过程就是与人交际的过程，而交际往来难免会接收到很多应酬话，而且，有些话在不同的语境中有着不同的意思，你要做的就是去揣摩对方话中的隐含意义，找到对方的话是发自内心的还是表面的客套之词。如果是客套之词，那么这些话语的背后隐藏着对方的什么目的、愿望等，就需要你去尽力了解一下，不然，你不仅不能体会到对方话里的意思，还很容易对对方传达的信息产生误解。

第二，听出对方的言外之意，需要注意一些字眼。就像很多人在说谎时最常说的一句话就是“我不骗你”一样，有些人在言不由衷时会不自觉地使用类似于“其实吧”“说真的”“老实说”这样的字眼。如果一个人这样说了，他说的话反而没有那么真实了，而且无形中会让人觉得他不真诚。反之，当一个人下意识地说出“不过”“你只要”等字眼时，反而有很大可能性是真的。

第三，听出对方的言外之意，需要运用肢体语言。当有些人口中说出的话与他心中的真实想法不符的时候，会有语气、手势、眼神等动作上的变化，比如语速加快、嘴巴抿起等。这时候就需要你睁大眼睛“听”，看对方是如何口不对心的，你才能进一步辨别你眼前的信息是真是假。

第四，听出对方的言外之意，需要明辨、忽略对方话中的形容词与夸张之词。有些人很会说话，面对你的询问，不正面直接回答，而是加了很多形容词，说了一堆华丽的辞藻，比如“你做得非常非常棒！称得上是天下第一”这句话，就需要你去掉那些形容词，那才是对方真实的意思和看法。

第五，听出对方的言外之意，需要有耐心地听对方说。有些人喜欢先说一堆没用的话，到最后才吐露心声，所以，为了听懂对方的真实意思，你应该让对方多说几句，再评价对方的观点、分析对方话中的利弊，作出判定。

综上可知，如果你想要听出对方的言外之意，就需要在询问的过程中集中注意力，时刻保持高度警觉，边听对方的话，边看对方的行为，边思考对方的言论，才能听出对方的言外之意。

点睛

在人际交流中，人们总会因为一些原因说一些口不对心的话。为了不被对方误导，你就需要提升自己的说话技巧，听出对方话语中的真正意思。

Chapter 6

这样问，对方更容易“招供”

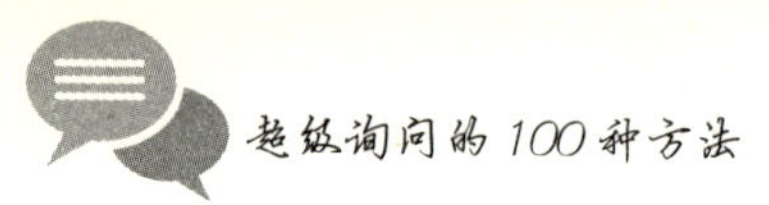

52. 询问之前，做好“最坏的打算”

一家上市公司的老总在公司启动新项目前召开了一个会议，突然宣布这个项目失败了，询问大家这个项目究竟出了什么问题。结果员工们都傻眼了！什么？项目还没启动就失败了？但是员工们事前并没有想到会出问题，也就没有准备应急方案，于是纷纷如同无头苍蝇一样不知如何是好。老总看着员工们的表现摇头叹息，说道：“你们还差点火候啊！”

原来，这个项目并没有失败，老总只是想知道员工们是否做好了项目失败的最坏打算，这才想出了一个办法来测试员工们。于是，“做最好的准备，做最坏的打算”就此流传开来，被应用到了各个方面，成了每个成功人士的必备法宝之一。

在电影《小时代》中，有一个情节是顾里和林萧负责筹办服装设计展会，她们原本计划举办一个露天展会。结果，当一切都准备好后，晚上却天降大雪，露天展会的计划被迫取消了。然而第二天就是展会开始的日子，林萧和顾里手中却没有备选方案，不知道如何是好。这时候，宫铭的 Plan B 派上了用场，让展会如期进行。之后，宫铭的这句经典台词——“不论做什么，都要有 Plan B”瞬间走红整个网络。

为什么万事要有 Plan B 呢？如果 Plan A 如期进行的话，准备 Plan B 不就是白费功夫吗？非也非也。世界上的任何事情在没有发生之前都具有不确定性，所以古人才讲“凡事预则立，不预则废”。宫铭就是深谙这个道理，才会在做任何事之前都做了最好的准备，同时也做了最坏的打算，留了后手。如此一来，当原计划因为一些原因而失败后，才会由于有备选方案而不至于满盘皆输。

你在询问别人问题时也应该如此，询问之前要做好最坏的打算，例如对方不愿意回答你的问题、对方因事没有如约和你碰面、对方在回答问题上有所保留，等等。你要明白，是你去询问别人问题，不是责问、质问别人，别人没有义务必须回答你的问题，你也不要有“我问了他就得回答”的强盗心理。

而且，这里所谓的“最坏的打算”，其实有两个意思：一个是对方什么都没说，或者是说了一些无关紧要的话，你什么消息都没得到；另一个则是你询问别人时采用的一种说话技巧恰好给对方一种“我现在的情况已经很糟了”“最坏也不过如此”“我已经做好了最坏的打算，死马当活马医吧”的认知和情境，让对方感觉你的情况很不好，激起对方的保护欲，然后对方就会主动说出更多，告诉你实际上没有那么糟。

但是，很多人是拒绝对结果做不好的预期的。他们觉得自己做了很多准备，不可能出师不利，结果去询问对方问题时却得不到自己想要的答复，或者是对方没有像预期中的那样回答问题，他们就会特别失望。这就是“希望越大，失望越大”的意思。

所以，在与人交谈、询问之前，应从一开始就认真准备，同时也做好“最坏的打算”。如果询问的结果真的是朝着最坏的方向发展了，那么你之前做的准备会使你坦然接受不利结果。如果你做好“最坏的打算”后再去询问别人问题，由于你原本就不抱希望，结果别人却回答了你一些问题，反而会让你产生一种“天降横财”的感觉。

点睛

古人讲究未雨绸缪、笨鸟先飞，就是因为许多事情人算不如天算。你在询问之前就做好“最坏的打算”，不仅能够提前制定出应对措施，使你从容面对任何可能的结果，也能让你比那些没有准备的人多一些获得成功与收获的机会。

53. 空白邮件法则，提高你的回复率

你听说过空白邮件法则吗？当你给别人发完邮件之后，过了很长时间，那封邮件依然没有回信，就好像石沉大海了一样。这个时候，为了引起对方的注意，你就需要给对方发一封空白的、没有任何内容的邮件。

为什么要给别人发空白邮件呢？目的是试探对方的态度。如果对方是真的对你不感兴趣才没有回邮件，那么，这封空白邮件既让你知道了答案，同时也加深了对方对你的印象，说不定对方反而因为你的坚持而对你重新感兴趣了；如果对方只是因为太忙而忘记了回复你，那么，你的这封空白邮件则给对方提了一个醒，让对方想起你的事，对你之前的邮件内容作出回复。

询问、谈话也是一样。当你问出的问题得不到回应的时候、当对方对你的话题不感兴趣的时候、当对方不肯透露更多信息的时候，你就可以使用空白邮件法则，提高你的回复率。可是，如果是邮件的话，还能发一封空白邮件过去，在双方的谈话中，要如何使用这个法则呢？总不能对方不回应你，你也不说话吧？那这场谈话不就终止了吗？别担心，下面教你提高回复率的方法。

1. 要想提高你的回复率，询问问题应尽量简单。

你在询问别人问题的时候，应尽量使用简短的句子、容易理解的词语，这样询问的问题才直白简洁。

当然，也需要具体情况具体分析。在尽量简单的基础上，最好还要兼具专业性。如果你是向大学教授询问你的博士论文写得如何，那么，你的措辞还是要专业一些、有深度一些；如果你是参加见面会，向自己喜爱的明星询问问题，那么，你的问题最好简短有力，不然现场人那么多，问的问题太复杂对方没听清怎么办？

2. 要想提高你的回复率，询问问题应带着情感。

人都有感性的一面，会感应到对方的情感。如果你带着负面情绪询问问题，对方自然也会很消极地对待你的问题、不想回答你的问题。反之，如果你带着微笑询

问问题，“伸手不打笑脸人”，面对这么明媚的一张脸，对方怎么好意思拒绝你的提问呢？当然，情感的把握也要适度，不能太积极，热情过头会让人避之不及；也不能过于平淡，让人感觉冷淡。

3. 要想提高你的回复率，应控制询问时间。

现代人都很忙，属于自己的时间本就不多，你的询问会占用别人时间。你的询问有理有度，对方才愿意回答你的问题。但是，这并不代表着你可以无休止地问下去，不然对方会厌烦，让你们不欢而散。所以，最好能控制询问的时长，一场谈话、询问下来，最好不要超过半个小时，控制在 10 分钟到 20 分钟之间最好。

4. 要想提高你的回复率，询问的主题应鲜明，询问的问题应少而精。

就像写作文不能脱离主题一样，询问问题也是要有自己的鲜明主题的，而且要尽量用一些简单明了的词汇，如此对方才知道你想问什么，才知道从哪个方面回答你更合适。此外，询问的问题在精不在多，最好能控制在 5 个以内，3 个问题为最佳。如果问题太多，势必有累赘之嫌，也会降低对方的回复率。

5. 要想提高你的回复率，可以旁敲侧击询问对方。

有时候对方称稍后再答复，或者是有时间再回应你，可是，之后就没有消息了。造成这种情况，有可能是因为对方当时的回应只是托词、客套话，也有可能是因为对方忙起来忘了，但是如果你直接去问对方会挫对方的面子，于是，就需要你旁敲侧击一下，提醒对方作出回复。

由此可见，在谈话询问中教你使用空白邮件法则，并不是让你不说话，而是让你做一个极简主义者，简化询问的问题，提高询问的效率。

点睛

为了提高问题的回复率，需要你表达清楚自己的意思、将问题简化、控制询问的时长，以免耽误对方过多的时间和精力。

54. 投影法：谈论别人时顺势说出想法

文学上有个修辞手法叫作借物喻人。在询问技巧中，也有一个类似的询问之道，叫作“投影法”——通过谈论别人，顺势说出自己的真实想法。

有些人被问到一些问题时，会因为比较害羞，或者是在意“如果我说实话，是不是会让别人有不好的印象”这个问题，而不会说出真实的答案。但是，如果询问者在询问问题时打着第三方的旗号，把事情当成是第三方的事去问，虽然看起来像是让被询问者谈论第三方，却能反映出被询问者的观点和意见。

娱乐节目《你正常吗》里面的每一期都会选取一些话题去采访一些路人，询问他们关于这些话题的看法和观点。不过，细心的人会发现，关于一些比较敏感、隐私的问题，记者去询问路人的时候从来不是直接发问的，而是利用投影法去询问路人。

有一次，《你正常吗》节目组就“第一次是否应该留到新婚之夜”这个问题展开了询问。试想，如果节目组直接跑到大街上问路人“你的第一次是什么时候”“新婚之夜是你们第一次发生关系吗”“你是婚前就发生了性关系吗”等问题，一般人都会觉得害羞而避而不谈。所以，节目组的记者就使用了投影法，换了一种询问方式。“有些人认为第一次应该留到新婚之夜，关于此问题你是怎么看的？”“你觉得现代人崇尚的婚前性行为怎么样？”这样发问，好似整个问题与被询问者无关，实际上被询问者表述的是自己的观点。

有些人就算表示得很随意，但还是很重视别人的看法，非常在意“别人怎么看我们”，因而会为了给别人留一个好印象而遮掩一些真正的想法，这种心理在心理学上被称为“对评价的恐惧”。这样的顾虑或不安会不断地在脑海中出现，导致人们无法轻易坦诚说出自己的意见。那么，这个时候，你应该怎么说，才能打开对方的金口呢？

询问的诀窍就是“谈论第三方”。这样一来，对方就会因为认为“反正又不是在说我，是说其他人”而放心回答。然而，虽然是在谈论第三方的事情，对方也认为自己陈述的是“有关他人”的意见，但仍会反映出对方自己的观点和意见，暴露的还是“自己的意见”。

还有一部分人，掌握了一些不能告诉别人的机密，如果你直接发问，他们肯定会有所抵触和戒备，不肯透露一星半点儿。但是说实话，他们自己把这些秘密憋在心中也是很难受的。只要你找一个安全的角度，比如通过谈论与此相似、有关的事情去询问他们，他们看你问的问题与其知道的没有关系，也就不会再防守得那么严，会顺势透露出自己的看法、观点，这其中就有那个“秘密的消息”。

另外，当你想询问别人问题却找不到一个切入口的时候，也可以通过投影法来与对方谈论第三方的事情，让对方知道你的观点和看法，间接地向对方表示“我与你的看法一致”，这样对方就会接纳你的意见，同时接纳你这个人，与你展开一场愉快的访谈。

所以，当别人对一些隐私问题、机密问题不想吐露真言的时候，聪明的你就不能再使用平常的询问方法了，而应该借力打力，换一个问法，让对方吐露真言。

当你想知道对方的真实想法、当你想让对方了解你的观点、当你想让对方可以毫无顾忌地透露更多信息的时候，你就可以采用投影法去询问对方，抛砖引玉，表达自己的观点，探寻对方的内心。

55. 低姿态询问，透露更重要信息

很多人都有“好为人师”的毛病，殊不知，在很多情况下，“拜人为师”——以一种低姿态去虚心求教、询问对方，会让对方透露更多的信息。

相传，在孔子还没有成名的时候，老子就已经非常有名了，以渊博的学识著称。一天，孔子去拜访老子。老子听说孔子要来拜访他，没有觉得自己年龄大就了不起，

也没有因为自己有名就看不起对方，依然十分谦虚地出门迎接孔子的到来。

孔子看到这种情况后感动得热泪盈眶，说道："老师亲自迎接，弟子真是不敢当。"

谁知，老子却很不以为意地说道："谁是老师？谁又是弟子呢？如果因为我懂的多，我就是老师。那等到你懂的多的时候，你也就是老师了。这都不是绝对的。所以，我可以是老师，也可以是学生，你也一样。"

老子的这番话让孔子佩服，老子成为孔子人生道路上的名师。也正是因为老子的一番低姿态行为和言语，让孔子不再拘束，询问了老子很多问题，并和老子一起讨论。最后，二人都获得了更多的知识和信息。

无独有偶，有人也曾问过古希腊时期的哲学家苏格拉底一个问题："人人都说你是天下最有学问的人，那么，你知道天与地之间的高度是多少吗？"苏格拉底听后毫不迟疑地说："三尺！"那人听后哈哈大笑："怎么可能呢？我们每个人都有五尺高，如果天与地之间只有三尺的话，那人类岂不是早就戳破苍穹了？"苏格拉底笑着回道："所以，凡是高度超过三尺的人，要想在天地之间立足，就应该懂得低头。"那人听到苏格拉底的话，顿时明白了苏格拉底的意思，羞愧难当，就离开了。

人行世间，放低姿态，更容易让自己受到大家的欢迎。如果在询问对方问题时，也能放低姿态，那么对方会更容易透露更多重要信息。例如你说尽了好话，使尽了浑身解数想让对方透露一些信息，可是对方依然守口如瓶时，你就可以以"稍微透露一点嘛""讲一点点就行了"的低姿态再去询问，对方看你的态度软了下来，他也就不好太过强硬了。这时，大部分人的态度会自然软化，进而透露一些重要信息。

如果对方明确告诉你不能回答你的问题，这时你会怎么做呢？知难而退吗？其实，你可以放低自己的姿态，这样跟对方说："我知道你也有自己的立场，想必有些话你不能对我说，我理解，那也没关系。不过，考虑到我们的交情，我也费了这么多口舌了，你方便把能说的部分先告诉我吗？"如果你这样问了，对方看你退了一步，他自然也会退一步，把一些无关大碍的信息透露给你。

或许对方一开始在说的时候还是会有所戒备，说出来的也可能是你早就知道的无意义的一些消息，不过，这就和挤牙膏一样，会越挤越多的，对方会越说越起劲，觉得“他连这个都知道了，知道那个也无妨”，渐渐地，把原本不该让你知道的事情也说出口了。这种情况并不少见，你可以在各种新闻报道上看到。当被访问者说“不便 / 不能透露”的时候，记者常会使用这个方法，取得他们想要的信息。

再说了，大多数人喜欢自己掌握主动权。如果你不隐藏自己的傲慢，依然以一种高姿态去和对方说话，对方就会觉得自己的世界受到了你的侵犯，就会不自觉地竖起壁垒和高墙来保卫自己的领地。所以，即使你没有恶意，是带着善意去询问对方问题的，对方也会拒绝你的善意、拒绝与你对话。

点睛

孔子说：“三人行，必有我师焉。”但是，一味地“好人为师”却不是件好事，你的指导、教导反而会惹别人厌烦。你最好能适当地“拜人为师”，以低姿态去询问别人问题、去请教别人，这样既可以满足别人的优越感及虚荣心，也能让自己获得更多信息。

56. 二段式询问法则，引诱他说出“真正想法”

不论从《非诚勿扰》还是《四大名助》中，都可以看出孟非是一个非常成功的主持人，他经常能通过询问问题，引诱嘉宾说出真实想法。有一次，节目中有位女儿来诉说自己的苦恼，说自己的母亲喜欢买保健药品，已经买了一堆了，却还在买。

孟非在听到这位女嘉宾的诉求后，就想知道女嘉宾的母亲到底花了多少钱在买保健品上，于是孟非就这么问老太太：“你希望自己在保健品上花多少钱？”“三四千元。”“那你也买了这么久的保健品了，实际上你觉得花了多少钱？”“有二十多万元了。”台下观众在听到这个答案后纷纷发出惊叹声，觉得这实在是太多了。

大家看老太太对前后两个问题的回答，是不是觉得差别很大？但是，真实的情况是，这位老太太为了购买保健品，实际上的花销很可能已经超过了25万元。也就是说，比老太太后面回答的那个答案还要多。为什么会有这种现象发生呢？因为很多人在回答问题时，或许是过于乐观，导致答案距离现实有一段距离；或许是因为有所顾忌而不说真心话，导致答案不是很准确。这个老太太就是这种情况，所以，孟非一开始在询问老太太的时候，就用到了“二段式询问法”，才让老太太说出了一个更接近实际情况的答案。

什么是“二段式询问法”呢？“二段式询问法”是由威斯康星大学的罗宾副教授提出来的。当时，罗宾副教授想知道这种二段式询问法与普通的询问有什么不一样，于是，就“大家一周会做几次运动”这个问题展开了询问。

一开始，他先使用普通的询问法询问了100多名成年人“一星期会运动几次呢”，结果显示每人大约4.72次；接着，教授再用二段式询问法，先去询问对方“理想状态下，一周想运动几次”，又接着询问“实际上大约运动几次呢”。教授这次询问了相同的人数，结果却得到“每人平均运动3.73次”的答案，这与后来实际跟踪调查得出的“3.33次”就比较接近。

由此可知，二段式询问法是将一个问题拆分成两个部分——理想状态和实际状态。在询问时，你可以先问对方关于这个问题的“理想状况”，再问对方面对这个问题时的“实际情况”。

很多人在回答一些问题时，出于羞涩、好面子等原因，或者就是因为单纯的商业机密不能说，编造出一个“假大空”的答案。因此，当大家面对第一个“理想状况”下的问题时，会说出一个比较含蓄、虚假、有面子的答案，但是第二个问题会让对方措手不及。而且，因为第二个问题一般与对方直接挂钩，那么对方潜意识中就有了一个接近真相的答案，虽然为了隐藏也会虚报一下，但这个回答肯定会比“理想状况”要更接近真实的答案。

不过要注意的是，这种方法一般适用于询问一些主观性比较强的问题，比如“你觉得……”“你认为……”“你希望……”等，然后才能将问题顺理成章地转移到对方身上。如果你去问一个医学博士觉得种植小麦好还是水稻好，对方没有相关知识，又怎么回答你呢？

同时，二段式询问法不能多用，在一次谈话中用一次就可以了。一般用过一次后，对方就已经明白了你的用意，会对你的这类问题有所戒备，你也就听不到真实的消息了。

点睛

使用二段式询问法，可以引诱出对方的真实想法，让对方说出一个更加真实的答案。然而，任何方法的使用都是有限制的，二段式询问法也是如此，需要问出与对方相符合的问题才可以。

57. 讽刺效应：你不告诉我也没有关系

《三国演义》中，马超领兵攻打葭萌关，刘备需要手下人迎战。于是刘备去问诸葛亮，派谁去迎战比较好。诸葛亮说张飞、赵云二人是马超的对手，刘备便建议让张飞去迎战。但是诸葛亮却说：“主公先别说话，让我去激激翼德。”

等到二人在会议厅谈论派谁前去迎战的时候，张飞主动请缨去迎战马超，诸葛亮却假装没听见，说道：“都说马超智勇双全，无人能敌，看来只好前往荆州将云长叫来，才能对敌啊！”

张飞一听急眼了，大嗓门嚷嚷道：“军师为何小瞧我？我曾以一人之力对抗曹操百万大军，难道还畏惧马超这个匹夫吗？”

诸葛亮听后心中暗笑，想着张飞这只鱼儿上钩了，脸上却不显一丝一毫，故意说道：“你在当阳据水断桥，是因为曹操不知虚实，他若知道虚实，你岂能占到便宜？马超英勇无比，他渭桥之战差点杀了曹操，我看就是云长来了也未必能胜得了他。”

张飞听后更不服气，当下立下军令状，要去取马超项上人头。诸葛亮见张飞此时十分激愤，觉得时机到了，便故作为难地同意张飞去“试他一试”。张飞得令后，一心想表现自己，让刘备和诸葛亮看看自己的本事，便使出浑身解数和马超激战200多个回合，使马超产生敬畏之心。之后，马超率众归顺了刘备。

其实，张飞本可以打得过马超，但是诸葛亮为何还要激他呢？其实这是一种策略，中国人称之为激将法，西方研究人员将其称为讽刺效应。什么意思呢？就是越不让对方做什么，对方越会做什么。例如，好多人看到门窗上贴着的“禁止吸烟”的标志，烟瘾反而越大，越想抽一根。在这里，诸葛亮就是利用了张飞自傲的心理，故意不让张飞去迎战。同时，还通过使用带有讽刺、嘲讽意味的语言和语气，让张飞感觉自己的尊严和能力受到了挑战，被激起更大的斗志，才能顺利战胜马超。

在询问对方问题时，如果对方不愿意告诉你更多信息，那么，你也可以像诸葛亮一样，伪装出一种“你不告诉我也没关系，我不稀罕”的态度，用语言去刺激、贬低、讽刺对方，借以激起对方求胜的欲望，迫使对方把原本不愿意讲的事情透露出来，让你获得更多信息。

可是，这种明明是讽刺的语言，为什么没有惹怒对方呢？因为使用讽刺效应去询问对方问题时，你对对方能力的质疑，会激发出对方的表现欲。等到对方将他知道的消息透露出来后，你再适时地表现出恍然大悟的神情，可以满足对方的自尊心和虚荣心，让对方感觉自己很了不得。

但是，讽刺效应并不适合所有的询问模式，具有一定的局限性。而且，在使用讽刺效应时，还要把握好“度”，不然就会惹对方不满。具体来看，使用讽刺效应的询问模式时，应该注意以下几个问题。

第一，因人而异。对有些特定人群才适合使用讽刺效应的询问法，比如那些特别自负、自傲的人，他们一般接受不了“我不行”这个设定，所以，对他们使用讽刺效应很容易奏效。但对于一些性格自卑、内向的人而言，你用讽刺性的语言刺激对方，只会让对方更加沉默。

第二，过犹不及。使用讽刺性的语言去询问对方问题，目的是激发对方的积极性和主动性，而不是逼迫对方、让对方感到难堪。你在用讽刺性的语言和口吻说话时，一定要注意火候，避免言辞过于尖刻，否则过犹不及。

总之，在使用带有讽刺意味的语言时，一定要注意对象和火候。如果方法没用对、嘲讽错了对象，反而会置自己于死地，让事情朝着更坏的方向发展。

点睛

俗话说：“火不拨不亮，马不催不发。”询问对方问题时，你最好能牵着对方的鼻子走，根据对方的反应使用不同的办法，才能“撬开”对方的嘴巴，让对方说出你想要的信息。

58. 有些事，不问就不会知道

著名歌曲《梦醒时分》中唱道：“有些事情你现在不必问，有些人你永远不必等。”但是，对于需要询问问题的人来说，有些事你不问，就永远不会知道。所以，询问询问，关键在于要问出口。

在电视剧《请回答 1988》中，德善、善宇和正焕都是从小玩到大的好朋友。到了青春期，德善喜欢上了善宇，正焕又喜欢德善。那时候，善宇经常来找德善借东西、玩，所以，德善就认为善宇也喜欢自己。正焕也这样认为，还为此郁郁寡欢。后来，德善怂恿善宇表白，问善宇“你到底喜欢谁”，善宇才说自己喜欢德善的姐姐宝拉。

德善一开始还不相信，觉得善宇是不好意思才这么说，于是又问道：“勇敢一点，你到底喜欢谁？”

“宝拉姐。”

“那你每次为什么来找我借东西？”

“呃……因为宝拉姐也在。而且，你没发现我借的有些东西你也没有，只有宝拉姐才有吗？”

至此，德善才相信，自己以前认为的两情相悦都是错觉。听到事情原委的正焕也不再郁闷，瞬间高兴了起来。

那个晚上德善哭得很伤心。有些观众会觉得，“德善为什么要问出口呢？不问的话就不会知道真相，也不会受到伤害了”。可是，如果德善一直没有问善宇到底喜欢谁，那她岂不是会一直都活在自我欺骗当中、让自己在这段没有希望的感情中越陷越深，又哪来之后的幸福呢？

也难怪一些观众会这样想，因为现在有很多人都喜欢藏着掖着，在询问别人时也要拐弯抹角地来，不喜欢直接询问、提问。为什么大家会有这样的思维模式呢？有些人是因为害怕被拒绝，担心问了别人也得不到答案，不想让自己失望；有些人则是被固定思维束缚住了，看到别人不说就觉得对方肯定有自己的理由，也就不问了。这里有个真实的例子。

一天，一对夫妻去吃日本料理。在吃饭的过程中，丈夫想要喝咖啡，就想找服务生点杯咖啡喝。妻子听到丈夫的需求后笑了，说：“老公，这里是日本料理店，大家都是喝茶的，怎么会有咖啡呢？”

丈夫听完妻子的话很不解：“你都没有问过这里的服务员到底有没有，怎么能这么说呢？万一有呢？”

妻子不想和丈夫争执，就看着丈夫叫来服务生问有没有咖啡。没想到的是，饭店竟然有咖啡，而且很快就端上来了。这让妻子很尴尬，就问服务员：“我记得不久前来你们这里吃饭，我一位朋友要喝咖啡，你们说只有茶没咖啡，为什么今天又有了呢？”

那位服务生回答说：“就是因为像您一样要求喝咖啡的人很多，所以我们才买来了咖啡机，专门煮咖啡。”

在这个故事中，丈夫是“明知很可能没有，还要问”，结果却有了；妻子是“想必没有，所以就不问”，结果就失去了喝咖啡的机会。

由此可知，对于一些事情，你要适当地“明知不可而为之”；对于一些问题，你要明白“不问就不会知道”的道理。很多问题，只有当你问出口了，才会发现原来答案很简单，而你也能早早地知道原委，让心里的大石头踏实落地。

点睛

询问没有你想象的那么困难，有些事情也没有那么难，别人也不是那么难以打交道。很多问题，勇敢问出口了，你就会知道答案。如果你始终不肯张口问，那你就永远也不会知道这些问题的答案。

59. 询问时不要想太多，越在意越要“问”

很多人喜欢“三思而后行”，觉得这样做事牢靠、为人谨慎。殊不知，这是一个错误的观点。有人说了，这是孔夫子说的话，那还有假？当然，孔夫子也是人，他说的也是在他所在的时代流行的看法。再说了，现如今与孔夫子的时代距离有些远，大家也不像过去一样熟读《论语》，其实误解了孔夫子的意思。

在《论语·公冶长》中有这样一段：“季文子三思而后行。子闻之曰：‘再，斯可矣。’”这就是“三思而后行”的出处，但是，大家看明白这句话的意思了吗？这整句话的意思是说，当时有个叫季文子的人为人十分谨慎，办任何事、说任何话都是“三思而后行”。谁知孔子听后，却觉得这个人做得不对，因为孔子认为“再，斯可矣”。也就是说，孔子认为办事的时候不用想太多，最多想两次也就可以了。

你在询问别人问题时也是一样，可以想，但不能多想。为什么呢？因为你想得越多、顾虑得越多，你就越问不出口。

询问问题前要思考，这是应该的。但是，不论是在询问之前还是在询问中，你都不能想太多。如果你想得太多，过度的思考难免会让你变得胆怯、畏首畏尾，失去了询问的胆量和最佳的时机。因为有些人胆子本来就很小，他好不容易才鼓起勇气去询问对方问题，却因为想了太多类似“我这样问对方会不会烦？”“这样问可以吗？”“万一他不想回答我怎么办？”等问题，反而让勇气消失了，那他还怎么询问呢？还有些人因为想太多，明明几句话就能解决的问题，硬拖到几天后才去问，这不是延误时机吗？

所以，孔夫子说“再，斯可矣”的意思，其实是在告诫他人不可莽撞行事。在询问问题之前，一定要思考清楚，分析自己已有的信息，才能在询问的过程中获取有用的信息，作出有效的决策。但是，有时候思考得太多，反而容易进入“多思陷阱”。因此，你一定要掌握好思考的“度”，不能想太多，不然很容易想出事外之事，有画蛇添足、自作多情之嫌。

那么，为什么有些人会“想太多”呢？就是因为他太在乎了。对于一些自己比较在意的问题、在乎的人或事，很多人容易患得患失，于是就会想太多，甚至不敢询问，害怕得到一个令自己失望、难过的答案。殊不知，一个人越是在意一个问题，才越要抓紧时间询问，获得让自己安心的答案。不然，对于一些你特别在意的事情，你还忍着不问，那么这个问题就会像一颗种子一样，在你心中安营扎寨，在耿耿于怀、念念不忘中长成参天大树，直至难以纾解。

点睛

思考，是为了方便你询问；但思考太多，难免会让你对在意的问题患得患失。由此可见，任何事情需要你掌握好“度”，思考得恰到好处，才能让有足够的勇气去询问那些自己在意的问题，才能获得你想要的答案。

60. 大胆提问，总比不说话好

以前上学的时候，老师在课堂上经常会说的一句话就是“上课遇见不会的问题，要大胆提问”。那个时候，大家都是来学习知识的，遇见不会的问题很正常，自然也会举手提问。现如今大家一个个都从学校毕业、走上社会、开始工作，却变得畏畏缩缩，不敢大胆提问了。

这是为什么呢？无外乎是面子、技巧问题。有些人怕献丑，怕暴露自己的缺点和弱点，所以就装出一副什么都懂的样子，硬扛着不问；有些人则是过于追求完美，害怕将自己不好的状态表现出来，更害怕别人的拒绝、嘲笑，让自己难堪；有些人则是语言表达能力不行，不知道该如何组织语言，于是索性不问。

其实，只要你大胆一点，克服自己的心理恐慌，让自己别那么羞怯就行。提问不需要什么华丽的辞藻点缀，你只需要诚诚恳恳地把你要说的话说出来，鼓起勇气把你要问的问题问出来，你会发现，这其实没有什么好怕的，也没有人会嘲笑你，相反，大家还会就你的问题给出热烈的回应。即使有些人嘲笑你不会说话也没关系，那只是对方的涵养问题，他的行为会受到大家的指责，不需你为对方的“错误”买单。

以演讲著称于世的萧伯纳小时候胆子很小，也很害怕在人前说话，经常是孤孤单单地一个人行动。后来，萧伯纳到伦敦求学后，一个偶然机会，一位同学邀请他参加一个学术辩论会。在会前，萧伯纳做了充分的准备，结果，他却因为紧张而没有表现好。等到演讲结束后，萧伯纳受到了别人的讥笑，他才意识到不会说话是一件多么耻辱的事情，于是，他开始有意地训练自己，主动找别人说话、主动提问题，终于成了一位著名的演说家。

当然，也有人说了，“祸从口出，沉默是金”，君子当“讷于言而敏于行”……与其说话、提问暴露自己的弱点，惹人笑话，还不如不说话，也不会为自己招来祸端。然而，真的是这样吗？有些人真的奉行沉默是金的原则，谨言慎行，从不提问，也避免和他人任意交谈。结果呢？这些人看似很神秘，成为大家口中的“独行侠”“神秘人”，却也无形中与其他人有了一层隔阂，阻碍了他们与世界之间的联系。要是你真的喜欢独处的感觉也就罢了，如果你不喜欢，在心中自怨自艾没有朋友，却还是不说话、怕提问、怕出错，那你怎么会快乐得起来呢？

别再说什么“酒香不怕巷子深”了，要知道，当今社会就是需要表现自己。一个人的才干和能力之所以能被大家知道、一个人之所以会有越来越多的好朋友、一个人的性格之所以会变得开朗乐观，就是因为其敢于提问、勇于开口说话，而不是什么都不说。如果你不说话，你的上司怎么能知道你的想法和付出的努力呢？你的上司又怎么会重视你、提拔你呢？如果你不询问，你的朋友怎么知道你是更爱吃火锅还是麻辣烫呢？你的朋友又如何与你碰撞出思想的火花呢？如果你不提问，你怎么表现出自己性格中积极进取的那一面呢？你怎么让别人知道你是一个有勇气、有想法、有创造力的人呢？

所以，请不要把提问、与人交际看作一种负担，要丢掉羞怯和恐惧的包袱。要大胆提问，即使说错了什么，笑一笑也就过去了。别再因为担心说错话而压抑自己、不敢与他人交谈，这样你将无法享受谈话的乐趣。

当然了，你不仅要敢说、要能够大胆提问，还要说得好听、问得巧妙，因为这二者相辅相成。你只有说得好了，才能赢得大家的喜爱，也才能鼓励你更加大胆地说；而当你越来越能够大胆提问、大胆说话，也就不会觉得说话是件难事了，你会越来越轻松，说得也越来越好。

点睛

丢掉恐惧、克服紧张，给自己一个良好的心理暗示，告诉自己不要太在乎别人的看法，即使是献丑也没关系，如此一来，你才能放下“偶像”包袱，变得大胆起来，才能打开话匣子，让自己侃侃而谈。

61. 让你的询问话语更动听

你在询问的过程中，肯定会遇到形形色色的问题。同样的问题，如果添加了不同的语言修饰，就会产生不一样的询问效果，也会让对方更容易“招供”。

在 2015 年热播的真人秀节目《偶像来了》中，岗岗——杨钰莹就成了“说得比唱得好听”的典范。在这个节目中，观众朋友们第一次发现，岗岗不仅有美丽的外形、甜美的歌喉，而且她还是一个说话非常动听的人。这里的“动听”不只是说她的声音好听，也指她的语言动听。

尤其是在岗岗夸奖别人的时候，真的是舌灿莲花，能将别人夸成一朵花，却毫不扭捏做作，非常真诚。也正是因为岗岗说话动听，所以在嘉宾互相提问的环节，她即使问出了一些比较尖锐、有噱头的问题，这些问题在她的语言包装下也没有那么过分了，其他女嘉宾也很乐意回答她的问题。

再说了，人们常道“良言一句三冬暖，恶语伤人六月寒”，说的就是语言的作用和魅力。人人爱美，看到美丽的花朵会喜欢它、怜惜它，同样地，优美的辞藻就如同那些艳丽的花朵一样，其美丽的形态和芳香的味道能打动每一个人。所以，如果你能够在询问的问题中加入一些修饰词语、诗词警句，就像给这个问题穿上了美丽的衣裳一样，能得到别人的喜爱，也更能打动人心，让你的询问收到良好的效果。

询问的话语更动听，提出的问题也更有效。这不是随口说说，而是有实验证明的。卡耐基曾在孩童时代玩过这样一个游戏：他拿着一根棍子横在门口，阻挡羊群经过。当前面几只羊为了经过不得不跳过棍子之后，他就会把棍子拿去，结果卡耐基发现后面的羊在走到门口的时候，也还是学前面的羊跳一下，而并不去看门前到底有没有棍子。其实，这并不是羊特有的现象，有很多人也是这样的。大家常常在不知不觉中模仿别人的所作所为、信仰别人的信仰，并毫不质疑地接受名人所讲的一切。所以，引用名言警句、名家诗词会让一个人说的话更有说服力。

虽说在问题、话语中加入修饰词、名言警句、诗句能够给问题本身增色不少、更能吸引对方的注意力，也便于对方理解，但是，这都是建立在“用得巧妙、精到”的基础上的。如果没用好，那还不如不用。那么，怎么使用这些修饰才能让语言更动听呢？

在引经据典时要符合语境，用词要言简意赅；最好能引用原文，而不是以讹传讹；你引用的应是自己比较熟悉的，而不是一知半解的，不然被人问时你解答不出来就闹笑话了；别为了增加说服力就胡乱使用“据权威人士说”“据考证”等短语，容易给人压迫感；确定原文的作者，不要张冠李戴。

所以，要想把询问的话语说得动听、漂亮，自身需要具备一定的文化底蕴，也需要注意上述几个方面。做到了这些，你才能说出诗一般动听的语言，给你的口才增色，也让对方乐意听你说话、乐意回答你的问题。

点睛

在问问题时对问题稍加修饰，会让你的询问话语更动听，为你的询问起到锦上添花的作用。不过，这些修饰手法和用词应是自然而然地使用出来的，要运用得当、用得恰到好处，不然就会不伦不类、适得其反。

Chapter 7

“好问题”比命令更有效

62. 让你的语言更动听

我们在语文课本上都学习过祈使句，有时候也会读到带有祈使句格式的诗歌、文章，感觉颇有气势。但是，现实生活中却没有人喜欢听到祈使句。为什么呢？因为祈使句的另一个名字叫作“命令”。

每个人都是独立的个体，有自己的想法和意志，在听到别人命令式的话语后会感觉自己不被尊重、感觉自己的自由意志受到了侵犯。当大家听到命令式的语言后，会很不高兴，在心底会升起一种逆反心理，会想要反抗、对抗这种命令。

有人问了，有时候因为工作需要，不得不下达命令，说一些命令式的语言，难道因为别人不喜欢就不下命令了吗？当然不是，而是要换一种比较委婉、动听的方式。

大家看《三国演义》，是不是有很多人都觉得蜀国国主刘备太过软弱呢？动不动就哭哭啼啼，又是请那个帮忙又是拜托这个的，没有一点国君的霸气。但是，因为他知道他面对的都是一些傲气、有骨气的人才——比如关羽、赵云、诸葛亮，如果一味地站在上位者的角度命令他们做事，肯定会惹这些有才之人反感，不能再为自己所用，于是，刘备就美化自己的语言，用哭、求、商议、询问等方式来请这些人办事、让这些人为他卖命，偏偏就是这位有些懦弱的主公，得了一个“礼贤下士”的美名。书中最经典的是“三顾茅庐”，刘备真就耐下心来去拜访了诸葛亮三次，诸葛亮同意见面后，才询问：“请问先生对当今天下形势怎么看？”如果换成其他人，很可能直接就命令诸葛亮为他效命了。

由此可知，要想让别人听你的命令，不妨将它换成比较委婉的问句，让你的语言变得动听一些，让你的态度显得温和一些，让对方感受到你的真诚与尊重，对方才会在情感上更容易接受你的命令，按照你的要求来说话、办事。

在夫妻档节目《一路有你》中，李湘就是一个很会说话的人。一期节目下来，很少见李湘用命令式的口吻和王岳伦说话，一直都是在以询问状态聊天，比如，“老公，你帮我 ××× 好吗？”“我们往这儿走，然后去 ×× 家找 ×××，你觉得可以吗？”所以，整期节目就看到王岳伦在说“好好好”“是是是”以及不停地点头。

仔细想想就会发现，李湘看似是在征求王岳伦的意见，其实都是她在提要求，这难道不就是王岳伦间接地在完成李湘的命令吗？李湘之所以不被大家反感、不让人觉得这些“命令”是“命令”，就是因为她的命令是用提问的方式来发出的，才会让对方听起来更愉快，对方甚至会主动参与讨论，也更容易听从你的命令。

所以，不妨改变一下你的语言，将“命令”“要求”“规定”“必须”等带有强制意味的词语改成建议、询问，将“变态”“奸诈”“横行霸道”等带有贬义色彩的词语换成“特立独行”“狡黠”“行为豪放”等中性词语，让你的语言变得更加动听，让你们的谈话变得更加容易！

点睛

每个人都希望被友善对待、每个人都希望被别人好言相向、每个人都希望愉快地聊天，所以，你不妨美化自己的语言，让自己的语言更动听，别人才会回馈给你同样的温暖。

63. 截止效应：注意“结束的时间”

古时候流行一种习俗，叫作“端茶送客”，你听说过吗？看字面上的意思，就是端起茶杯来送客。可是，客人来家里做客，不应该是请客人喝茶吗？怎么会端起茶杯送客呢？

古时候，当一个人去另一个人家里拜访的时候，主人家会端上来茶水招待客人。但是，这杯茶却不能立刻喝，一直要等到事情谈完，主人才端起茶杯请客人喝茶。客人嘴唇一碰茶水，家中的仆役便会高声喊道：“送客！”后来，这种惯例就流行了下来，主人一端茶，客人就知道自己应该告辞了，避免主人想结束谈话又不便开口、客人想告辞又不好意思贸然说出来的尴尬。

“端茶送客”的习俗用到的就是截止效应，目的是让谈话的双方都注意到“结束的时间”。在谈话询问的过程中，截止效应如果运用得好，要比直接下达的命令更有效。而且，这里的“结束的时间”之所以打引号，是因为它不只有终止谈话的意思，也有限定对方的时间、给对方压迫感的意思。

举个例子，对于一个经常迟到的人，如果你问他：“周六晚上7点依然在老地方见好吗？”对方虽然答应得很好，但可能依旧会姗姗来迟。但如果你这样问他：“晚上8点我还有其他事情，所以我们就约在7点见好吗？”这样的话，对方一般就会按时赴约了。这里利用了截止效应，直接在约定时就设定好结束的时间，限制了见面的时间，让对方产生一种压迫感。

不过，由于截止效应使用的时间和对象不一样，能产生的效果也就不一样。

如果你遇到收不住话匣子的人，你不想再进行这种没有主题和目的的无聊对话，在当今不流行“端茶送客”的习俗的大环境中，你可以使用截止效应暗示对方应该结束谈话了，这比直截了当地告诉对方停止谈话体面多了。例如，当一个话题结束后，你可以面带微笑，及时地对对方说道：“好的，今天先谈到这儿，其他的我们改日再谈，好吗？”这样的话，你用一个问题就将谈话的主动权掌握在自己手中，避免对方继续东拉西扯。

如果你遇到的是一个说话不畅快的人，有话不直说，叽叽歪歪说半天说不到重点，那么你就可以适当地抬腕看表或抬头看钟，或者是拿起手机看看，意在告诉对方“我很忙”“我一会儿还有其他事要忙”“有人马上会联系我”，逼迫对方尽快说出此次谈话的目的，或是结束他的谈话。如果对方还是没有眼色，看不懂你的暗示，那你可以直接发问：“我10分钟后还有个会要开，你找我有什么事吗？”让对方明白他只有这 10 分钟的时间了，他就会将要说的话压缩一下，在这 10 分钟内说完。

如果你遇到的是一个犹豫不决的人，你和对方说了各种理由、条件，对方还是难以下决定，那么，你就可以用问题来下命令。例如，你可以问对方：“不好意思，我接下来还要去图书馆，你是选择 ×× 还是 ×× 呢？”或者是“这个产品不多了，只剩下 3 套了，是给您留一套还是全留下？”让对方注意到他没有可以犹豫的时间了，自然就会快速作出决定。

总之，在谈话、询问的过程中，适当地使用截止效应，会迫使对方透露出更多的信息，也会让你暗中的“命令”更有效。

不想再进行无聊的谈话了、不想再和别人浪费时间了、不想对方无视你的“命令”，那么，就使用截止效应，询问对方一些有限制的问题，迫使对方作出决定。

64. 玩一个“寻找犯人”的游戏

在看类似《警察故事》《心理犯罪》等影视剧时，有时候会出现这样一个片段：警察抓到了嫌疑人，需要对嫌疑人进行侦讯询问。但是，嫌疑人又不是傻子，明知道对方是警察岂会上赶着说自己做了什么事。所以，嫌疑人肯定不会听警察的命令乖乖自首，而是与警察“踢皮球”。因此，在讯问的过程中，警察为了让嫌疑人说出真话、为了问出自己想要的答案，他们会玩一个“寻找犯人”的游戏。

这是什么游戏呢？有点类似于“诈供”。就是警察在讯问嫌疑人时，会向对方施加压力，问一些带有蛊惑意味的问题，例如“你的手是不是曾经不知不觉就碰到了 ×× ？”“不是故意的，但你偶然间就摸到了 ××，不是吗？”等问题。如果嫌疑人真的心里有鬼，在听到警察如此具有压迫性、暗示性的问题时，就会处于一种不甚明了的恐慌状态中，会觉得警方是因已经掌握了一些信息才会这么问自己，于是嫌疑人构建的内心壁垒就瓦解了，干脆承认自己的罪行。

警察玩的这个“寻找犯人”的游戏也可以运用在日常生活和工作的询问中，帮助你更有效地下达命令，让对方听你的话、按照你的要求办事。因为单看“寻找犯人”这个名字，一般人都会觉得这个游戏是要找到犯人，而且里面一定是有“犯人”的，很少有人会想“寻找犯人”这个游戏中到底有没有“犯人”。所以，这个游戏一开始就框定好了范围。

所以，当你用“寻找犯人”的询问方式来说话、下达命令的时候，对方就会因为你的这种说话方式，无形中产生一种“这种东西已经是我的”“我确实做过这样的事情”“现实就是这样”的虚假记忆，让对方的潜意识接受你的“命令”，那么对方自然会在听到你的问题后接受你提出的设定、按照你的要求办事。

比如一到逢年过节淘宝大减价的时候，广大网友纷纷在网上吐槽“为什么就是管不住手”“再买剁手”“不能再买了，不然下个月就要吃土了”。可是，这些人最后还是买了。真的仅是因为他们控制不住自己的购买欲吗？不！还因为一些淘宝卖家的能说会道。各种节假日的时候，淘宝上的卖家全都打出了“满 × 减 ×”“直降 × 元”等标语，还会写上“早买您还能早一天拥有它，晚点买只不过是晚几天拥有它而已。反正你早晚要买的，何必纠结这一会儿呢？”“现在处于活动中，您确认收货后给全五分好评，还能得到返现，岂不是捡了更多便宜？”等语句。众位买家一看，觉得是这个理儿，于是就纷纷下单购买了。

其实，淘宝卖家在这里使用的就是“寻找犯人”的销售模式。卖家看似并没有下“命令”，但实际上卖家说的那些话限定了买家的思维，令看到标语的买家陷入了一种自我蛊惑中，产生类似“我不买会后悔”“不买过几天就恢复原价了”等想法。在卖家无形的施压下，买家一般就跳进了淘宝卖家挖的坑。

由此可知，想要让情势对自己有利、想让对方对你的“命令”“主张”照单全收，你就应该将对方框定在一个语言环境中，或者是不断地丢出带有诱导性的问题迷惑对方，令对方屈服。

点睛

人容易受到环境的影响，让自己进入误区。所以，你可以将对方框定在一个虚拟情境中，并且用误导性的问题诱使对方往你要的方向上去思考。

65. 找一个让被询问者“乖乖听话”的理由

“我天天下班回来还要做饭、打扫卫生，有时候我让我老公拖一下地他都不肯！”

“小张怎么不听我的呀？我这个方案明明更好啊！”

“小芳穿的那件衣服很难看，我不是跟她说让她换一件吗？她怎么不换呢？”

……

你是不是经常因为别人不听你的建议和观点而苦恼呢？甚至你的建议从客观上来讲是为了对方好，可是对方依然不听你的建议，你知道这是为什么吗？很简单，就是因为你没有给对方一个“乖乖听话”的理由。看到这里，你可能会生气：“怎么会？每次我都给出了充足的理由啊，他们不还是不听我的话？”这只能说明你给的理由不充分、不被对方认可、没有说到对方的心坎上。

那什么才是让被询问者“乖乖听话”的理由呢？这就要具体情况具体分析了。

第一种：罐头笑声原理。

什么是罐头笑声呢？罐头我们都知道，里面装的是熟食，打开就可以吃。罐头笑声也是如此，它指的是事先录好的笑声，往往出现在“观众应该笑”的片段中，又叫背景笑声。在情景喜剧《家有儿女》中，每当出现搞笑的镜头时，就会出现罐头笑声。尽管有人觉得罐头笑声太假，但不可否认，这种设定好的笑声也影响电视机前的观众。就像打哈欠会传染，笑声也一样。有时候明明不是很搞笑的情节，观众也会因受这种笑声的影响而哈哈大笑。所以，当你想让询问者乖乖听话的时候，不妨告知对方其他人对这件事的看法，让对方知道听取你的建议的人有很多，而且按建议行事后取得成功的人也有很多，对主既不是第一个，也不是唯一的一个。

第二种：一块钱的影响。

对于一个人来讲，一块钱很少，但将很多一块钱汇总起来就很多了。同样，你在说服别人听你的话时，不妨从小处入手。

第三种：利益的诱惑。

很多人发现，参加所谓的“买一送一”的活动，往往要比单买一件花费的钱更多，但人们还是愿意参加。这是为什么呢？这就是中了利益陷阱。当你看见一件很喜欢的衣服，想要购买时，店员告诉你正在搞活动，如果购买满一定的钱就可以参加满减活动，这样你自然会觉得划算，就又购买了其他衣服。其实，你看似占了便宜，但你花出的钱却比你一开始计划买一件衣服所用的钱多。所以，你在说服别人的时候，就可以使用这个名为“并非全部技巧”的说服技巧，让对方感觉到有便宜可占或是有更大的利益，从而乖乖地听你的话。

第四种：将选择权交给对方。

人人都有自主选择权，也希望自己有选择的自由。所以，你在说服对方听你的话时，就可以以问问题的形式将选择权抛给对方，让对方感觉到自己有选择权。比如，当你想要别人做一件事情时，你就可以在说完你的观点后询问对方“你可以决定是否……”对方听到这样的问题，感觉自己受到了尊重，也觉得自己掌握了选择权，反而会在很大程度上同意你的观点，按照你说的做。

第五种：引发对方心中的愧疚感。

面对你的说服和命令，有些人会很反感。为了让对方听你的话，你可以用商量的语气和对方商议这件事，同时给予对方拒绝的自由。如果对方拒绝了，心中难免会有拒绝他人的愧疚感和罪恶感，会自发地乖乖听询问者的话。

比如说，妻子想让老公帮助打扫卫生，她可以这样说：“老公，跟我一起打扫吧，你倒个垃圾就可以了。等我们打扫完了，我还能陪你去看一场你想看的那个电影。当然，如果你实在不想打扫，那也可以不答应。怎么样？”妻子这样说后，丈夫一般都会听妻子的话去打扫卫生的。即使有些丈夫一开始拒绝打扫，可是，当他看到妻子在打扫卫生后，心中也会因拒绝妻子而产生一种罪恶感，同时会觉得自己这个人很差劲：“不是说要好好爱护妻子的吗？这点活都干不了吗？”如此一来，丈夫就会主动干活了。

所以，别怪对方不听话，怪就怪自己不会说话。只要你找对了让对方“乖乖听话”的理由，还害怕别人不听你的话吗？

点睛

要想让别人听你的话，要想通过谈话达到你想要的效果，关键就在于你如何组织语言，以吸引对方、激励对方采取实际行动。

66. 如何让孩子更听话

每个人都是从小孩变成大人的，那么，你是否还记得自己小时候父母说得最多的话是什么呢？没错，就是各种祈使句——“马上去写作业！”“不能早恋！”“别让我再逮到你去网吧，不然别回家吃饭！”那个时候，你听到这种命令是不是很生气？是不是很想跟家长对着干？是不是很不理解家长为什么会这样说话？难道就因为他们“多吃了几碗饭”？

其实，就是因为家长们觉得自己是长辈，需要给孩子树立威信，所以才会使用命令句式说话，想要让孩子们听话，结果却发现适得其反，孩子们更叛逆了。那么，既然命令式语言不管用了，家长们应该如何说，孩子们才更愿意听呢？很简单，就是前面讲过的——选择一个好问题，使用带有商量、建议意味的问句，让你的语言更委婉动听，而且比命令句更有效。

在生活类节目《四大名助》中，就有一位姐姐吐槽自己的妹妹，说妹妹越来越不听话，经常惹爸爸妈妈生气。后来，大家才知道事情原委：妹妹正好处于青春期，正是自我意识比较强烈、性格比较叛逆的时候，但是，这对姐妹的父母，尤其是她们的妈妈，很喜欢说命令句式，不让妹妹和“坏同学”玩，不许妹妹早恋，还找学校里的熟人监督小姑娘，等等。

妈妈这么强硬，妹妹感觉自己被侵犯了自由、觉得自己不被尊重，当然就很生气，于是就开始和妈妈吵架、逃课，甚至不去上学。到最后，节目主持人给出的意见就是让家长和孩子平等沟通，不要擅自为孩子作决定，多问问孩子想要什么、问问孩子喜欢不喜欢。

孩子听话了，父母当然很高兴，但如果你的孩子只会“听话”，成了“妈宝”“爸宝”，没有了自己的想法和主见，他们就会成为永远的“追随者”，而成不了“主角”。所以，父母不如变命令为建议，和孩子好好沟通，引导孩子成为一个既听话又有主见的人。那么，父母、长辈应该怎么做呢？主要有以下几个秘诀。

第一，变命令为委婉的建议。如果还有父母在说“我命令你……”“我警告你……”“你最好赶快……”“限你在5秒钟内……”等类似带有指挥、命令、责备的句式，那么赶紧换掉，换成委婉的问句，与孩子商量、向孩子建议，让孩子更容易接受。比如说同样都是要求孩子去写作业，“现在天色还早，要不先做完作业，再看电视，你觉得怎么样”就比“不许看电视，赶紧去写作业”要好得多，孩子也能听进去。

第二，把自己变成孩子，或把孩子当成成人来对待。总之一句话，就是抛开大人、父母、长辈的身份，和孩子站在平等的位置上进行沟通，这样孩子才有可能接纳你，也接纳你给出的建议。千万不要觉得自己是大人就了不起，和孩子说话也是一副“我是大人，你懂什么”的语气，那样，孩子的自尊心受到了伤害，能听你的话才怪呢！

第三，多与孩子沟通，了解孩子的想法。俗话说：“知己知彼，百战不殆。”这句话也适用于亲子关系的相处。虽然“知子莫若母”，但是，这也是建立在父母与孩子经常沟通的基础上的。现在生活节奏快，家长的工作也很繁忙，导致父母会急着表达自己的意见和指示，希望孩子能乖乖照做，却不去听孩子自己的想法。结果，孩子与父母之间的代沟越来越大，也越来越难沟通。

第四，与孩子沟通的时候多站在孩子的角度想问题，并经常变换新鲜的话题。要知道，孩子看着再怎么成熟，也还是小孩子，不会像一个真正的大人一样为自己排忧解难，所以，当他们求助于父母的时候，父母不要敷衍地用几句“加油”“你能行”“没关系，你要学会谅解他人”打发孩子，而应该关注他们的心理健康，站在孩子的角度为他们化解忧愁。同时，在和孩子沟通的时候，不要一成不变地发问，而要经常变换话题，引起孩子的兴趣。这样，孩子才喜欢和你沟通、听你说话，才愿意跟你说自己的想法。

都说“父母是孩子的第一任老师”，只有父母做到位了，孩子们才能主动听父母的话，成为一个既听话又有主见，既能表达看法又善于倾听的乖孩子。

点睛

家长们不能一边要求孩子听话，一边要求他们有自己的想法。需要家长和孩子在沟通的时候，能够做到就事论事、多听少说，作任何与孩子有关的决定时都要探讨、征求孩子的意见，而不是自己作决定，或直接命令孩子听话。

67. 如何说让会议更顺利

一说起会议，不论是上学时期的班会，还是上班后的例会、年会，抑或是其他会议，在很多人的印象中都是“冗长”“无聊”“浪费时间”“不实用”“表面化”等词语的代名词。这是因为在开会期间经常会出现以下情况：老调重弹，令人生厌；时间太长，短则一两个小时，长则几天，特别耗费时间和精力；逻辑混乱，毫无新意，与会人员之间的互动性不强。

虽然会议有这么多弊端，但又不能不开，所以如果你是一名主持会议的人员，或者想要会议的开展更加顺利，你应该怎么做呢？

第一，会议之前要做好准备工作。如果是例会之类的常规会议，那么你只需要在你们开会那天准备好会议上需要的文件、会议内容就可以了；如果要召开由许多人参加的大型会议，在会议前的一段时间你就需要把相关的日程表以及会议中要讨论的一些具体问题发给与会者，包括参加会议时的一些基本规则，比如不能带手机、需要带的文件以及着装要求等。

同时，为了让会议开展得更加顺利，你可以在会议之前跟一些人先碰碰面，询问一些问题，例如“你觉得我们还应该讨论些什么问题？”“你觉得关于 ×× 的提案怎么样？”，这样就能了解哪些人会支持你，哪些人可能会提出反对意见。

第二，说话的思路要清晰。如果你负责主持会议，那么无论这次的会议有多么无聊、时间有多么长，无论你是在听别人发言，还是在自己发言，你都要保持思路清晰，能将跑偏的话题拉回来、将昏昏欲睡的人用语言唤醒，尽量不让会议处于失控的状态中。还有，最好用一个活泼生动的开场白点明这次开会的主题，这很重要。

第三，在会议上多鼓励与会人员发言。每个人都希望自己被他人肯定和赞赏，这种赞赏不仅仅是通过薪水表达的，还需要大家语言上的鼓励。因此，在会议期间，在说完接下来要进行的工作之后，就别说那些客套话了，不如拍拍同事、下属的肩膀，或者是夸夸他们做的案子，或者是称赞一下他们的努力工作，让他们知道自己的努力得到了认可，让他们的斗志昂扬起来，从而让整个会议处于一片积极向上的氛围中。

第四，调动与会人员的积极性。让会议顺利开展的秘诀之一就是调动与会人员的积极性，尽量让所有人都参与其中，比如直接问某个人意见，或是让大家来说说自己的进展、看法等。同时要注意的是，人们在手机、网络等因素的影响下，很容易受到外界的影响，所以，你的一次发言最好不要超过 10 分钟，不然与会人员很容易走神。如果 10 分钟说不完怎么办？那就长话短说、精说！你还可以在发言中加入一些提问或者其他形式的互动，调动大家的积极性。

第五，提出的问题具有争论性。会议上尽量避免提出一些“是”“否”分明的问题，而是提出一些能够引起大家讨论的问题。比如，询问大家一个方案是否可以通过，千万不要问“这样行得通吗”这种封闭的问题，而是应该问“这样会对我们的项目产生哪些影响”之类的开放性问题，让大家展开讨论。

第六，该闭嘴时就闭嘴。不论什么会议，都不能只有主持人一个人一直在讲，如果你是会议的主持人，你要记住自己的作用是调节和润滑整个会议，讲话的时间不能超过会议总时间的20%。同时，你还应该将会议的主题和一些重要话题在会议一开始就提出来，以免会议中间有人离场。在会议结束之前，你还需要询问大家对这次会议的看法，为总结做准备。

第七，把握会议时间，尽量让会议的时间缩短，而不是超时。要知道，就算整场会议讨论得再热烈，也没有人喜欢会议超时。而且，让大家知道会议结束的大概时间，对大家也是一个动力，能够促使大家在会议结束之前集中注意力迅速解决问题。

点睛

如何说才能让会议更顺利呢？有漂亮开场，点到主题；思路清晰，不绕弯子；长话短说，缩短会议时间；多提开放性问题，提高与会人员的参与度；使用小技巧，调动与会人员的积极性。

68. 如何拜托别人帮忙

每个人都不是万能的，所以，行走于世间难免会遇到一些自己无法解决的问题，需要别人拉你一把、帮你一下。然而，有些人却觉得拜托别人帮忙是一件很难为情的事情，其实不是。世界是流动的，虽然我们看似没有办法帮到每个人，但是每个人却都能帮助到某些人。也就是说，今天你帮我、明天我帮他、后天他帮你。所以，不要觉得请人帮忙就是低人一等。

再说了，懂得如何拜托别人、让别人愿意支持和帮助自己并不是一件丢脸的事情，而是一种重要的人际影响力。可是，有些人拜托别人很容易，有些人找人帮忙却找不到，难道是因为后者没有“后台”吗？不是，只是因为他们不懂得如何拜托他人帮忙。

成功地拜托别人帮忙，主要在于你背后的心态以及你所说出的话，而不在于你的背景如何、你长得是否漂亮。真正的拜托别人帮忙既不必低声下气、摆出哀兵政策，也不用装得老成世故、跟别人算计好利益分成，而要摆正心态。

很多人在求助时，潜意识就将自己摆在了低人一等的位置上，只能看得到自己的难处和不容易，急着告诉对方自己需要帮助，好像对方帮助你是件很简单的事情似的。或许事实也就是如此，但是，别人没有义务和责任帮你，所以你在有求于人时，最好也能想想对方的处境，试着去为对方考虑。如果你请别人帮忙，还能考虑对方的立场、替对方着想，那么对方会觉得你这个人有情有义，多半愿意帮你。

而且，人际交往都是互相的。你请别人帮忙，别人感受到了你的信任与诚意，那么若是能帮得上的忙，对方又何乐而不为呢？所以，如果处理得好，今天的帮助就会变成明天的交情，成为彼此情谊的延续，而不是彼此交恶。

同时你还要知道，每个人的性格不一样，要想成功拜托别人帮忙，针对不同的人，就要有不同的拜托之道。

如果是因为工作原因而拜托专业人员，你就需要先肯定对方的专业能力，同时再顺理成章地委托他，告诉对方“非他不可”，激发出对方的挑战欲，帮助你完成任务。

如果对方是一个时间观念很强的人，那么你在拜托他帮忙时，最好能减掉那些冗长的开场白或闲聊，用简短的语言说明事情经过，单刀直入地委托他帮忙。

如果对方是一个乐于助人的人，你也可以直接请对方帮忙，不过事后一定要多多感谢对方，让对方开心。

如果对方是一个虚荣的人，那么你就要极尽夸赞之能事，让他能充分表现自己的能力。

如果对方是一个不想惹事的人，遇到别人的拜托只会摆出一副“我很忙”“我的事情很多”的态度，那么你最好的做法就是告诉他帮你这个忙不会有什么风险，给对方吃个“定心丸”。

总之，绅士与淑女不是英国才有，它隐藏于每个人的心中。“赠人玫瑰，手有余香”，有时候，帮助别人是一件对人对己都有益的事情，关键在于你是否会说话，是否会拜托别人帮忙，是否能合理、正确、有技巧地提出自己的请求。只要你做到了上述几点，那么，很多人都会愿意帮助你的。

点睛

请求别人帮忙时，不如先用一些有技巧性的语言真诚地沟通一下，再提出自己的要求，让对方乐意听你的要求、帮你的忙。

69. 如何说服别人跟从我们

不知大家是否还记得《三国演义》中李恢劝降马超的那一精彩片段？马超原本依附着张鲁，然而因为能力过于出众，张鲁的部下杨白等人就想要加害马超，马超因此逃到氐中。刘备十分欣赏马超，此事被刘备得知后，便令手下李恢去说服马超，让他跟从自己。

李恢是怎么劝服马超的呢？他始终站在马超的角度替马超考虑，先指出了马超当下的困境，并指出马超如今已经“四海难容，一身无主”的事实，最后又说道：“刘皇叔礼贤下士，吾知其必成，故舍刘璋而归之。公之尊人，昔年曾与皇叔约共讨贼，公何不背暗投明，以图上报父仇，下立功名乎？”李恢这一番话，可谓是步步惊心，既帮马超认清了现实，又为他解决了眼下的难题，同时又给了马超一个热血男儿建功立业的机会，马超又怎会不跟从刘备呢？

其实，在人际交往中，你会遇到很多需要说服别人的情况。比如，说服你的家人同意你去自主创业，说服你的领导同意你的策划方案，说服你的朋友同意你的某个观点，说服其他人跟你一起做某件事，等等。可是，大家总会觉得说服别人很难，经常自问：“为什么大家总是拒绝我？”“为什么我一直无法顺利做事？”这只是因为你不懂得如何说服别人而已。所以，要想成功说服别人，你就要学会以下几个小技巧。

一、调节气氛，用幽默说服对方。

如果想要说服别人，尤其是对你至关重要的一些人，那么你们的谈话氛围最好是愉快的、让对方心情愉悦。你应该幽默一点，注意调节谈话的气氛，再和颜悦色地与其交流，这样对方才会感觉到被重视、被尊敬，态度自然也会好，也会很容易说话。相反，如果你拿出一副盛气凌人的架势去说服别人，那些“吃软不吃硬”的人只会更加强硬，不吃你那一套，让这次的说服失败。

二、装“小白兔”，博取同情。

人一看到弱小的东西就会充满保护欲，同时也会降低自己的戒心。所以，如果你说服别人不成功的话，不妨装一下“小白兔”，让自己看起来楚楚可怜，激发对方的同情心，以弱克强，达到自己的目的。

三、必要的威胁很管用。

虽然孟子说过“威武不能屈”，但是，人类天生是崇拜和敬佩强者的。所以，也可以适当地运用一下威胁的方法，增强自己的说服力。不过，这个威胁应该是善意的，让对方产生恐惧感，达到说服的目的就可以了，万不可真的伤害他人。而且，当你成功说服别人后，记得给个甜枣，态度友善地讲清楚你这么做的原因，以免对方过于害怕。

四、打消对方的防范。

说服的过程，就是你与别人心理较量的过程。与其说是在说服别人，不如说是打入别人心中、打消对方的防范心理的过程。人之所以有防范心理，是因为人的潜意识中有假想敌，所以才会有这种自卫的意识。你想要说服对方，其实就是要打破对方的心理屏障。所以，要想使说服成功，就需要你不断地心理暗示对方，嘘寒问暖、给予关心，让对方知道你是友善的，才能消除对方的防范心理。

五、为他人着想，以心换心。

想要说服对方，一定要站在对方的立场上分析问题，才能投其所好、说到对方的心坎上，让对方从中看到自己的利益所在。

六、成为对方的“自己人”。

人的本性是护短的，如果他认为你是“自己人”，那么你就很容易说服对方了。所以，说服爱护短的人，就应该顺着来，努力寻找与对方一致的地方。一开始询问的问题应该是符合对方的观点和想法的，然后让你的问题引起对方的注意，再想法将你的观点引入话题中，而最终求得对方的同意。

七、询问问题有技巧。

很多时候，别人不服从你的“命令”，就在于你不会问问题。大家不要以为询问问题不是说服别人。由于问题中隐含了说服的成分，你可以通过有技巧地提问，让对方不知不觉被你的问题所引导，从而改变观点。

点睛

其实很多人在乍一听到对方的观点时，心中并没有强烈的反对与支持的倾向，大多是抱着“观望”的心理。所以，说服别人的关键就在于在这个“观望”的过程中你是怎么问、怎么说的。

70. 如何拒绝别人的请求

你一定遇到过别人来请你帮忙的情况。虽然大家应该乐于助人，但是，你既不是孙悟空，也不是如来佛祖，更不是什么神仙、超人，你的能力也是有限的，也有自己的难言之隐，也有自己不好干涉的事情，那么，这时候你会怎么拒绝别人的请求呢？

直脑筋的人肯定会实话实说，直接拒绝。可是，直接拒绝对方会不会显得太不近人情呢？要知道，开口求人其实是一件很不容易的事情，每个人去找别人帮忙前都是下了很大的决心的，其中暗含了很多感情和期待，直接拒绝很容易伤了对方的感情。

再说，人心难测，虽然你是因为能力不足而拒绝了对方的请求，可是对方未必就是这样认为的，他要是主观上认定你在针对他呢？而且，如果你连一个好的借口都没有，就直接跟对方说：“不好意思，我有难处，我没办法帮助你。”换谁听了都会觉得你这个人很虚伪吧？那么，应该怎么做，才不会让你的拒绝令人难以接受呢？

第一，委婉含蓄地拒绝。

顾名思义，让你不要直接拒绝，而是通过顾左右而言他、不正面回答的方式间接、巧妙地拒绝对方，既坚持自己的原则，又不让对方太过难堪。

第二，以退为进地拒绝。

以退为进，就是对方请求你帮忙，你不直接拒绝，而是先假装答应对方的请求，或者是先对对方的观点和意见表示赞同，然后，你再针对对方所提出的问题，提出其中不合理的地方，或者摆出自己的不同看法，委婉地拒绝对方，又使对方不失体面。

有一档娱乐节目叫《女神的新衣》，每一位女嘉宾都会有一位设计师搭档，为她选择布料设计衣服。其中，贾静雯和她的设计师就配合得比较好，这主要是因为贾静雯脾气好，而且设计师也很会说话。有一次，贾静雯拿起一块布料问设计师怎么样，其实这块布料不适合做这次的衣服，但是设计师还是先夸赞了贾静雯选得不错，然后通过提出问题提出了自己拒绝的理由——“这块布料用来设计 ×× 服会不会显得太浮夸？”“这块布料料子会不会过于硬了一点？”设计师用问题婉转地拒绝了贾静雯不太专业的要求，不仅没有惹对方不高兴，还让这次的衣服做得很成功。

第三，通过对方的自我否定达到拒绝目的。

最好的拒绝方法莫过于让对方自己说“不”了，可是，使用这个方法需要你有一个聪明机智的大脑、缜密的逻辑思维能力，才能根据对方的不合理要求，制定一些圈套、陷阱，让对方自己否定自己。

第四，通过支招献策来拒绝。

当对方来求助的时候，如果你实在无法帮助对方，不如阐述一下自己无法帮助对方的苦衷，同时给对方提出一些合理建议，出谋划策，让对方理解你的苦衷，又感受到你间接的帮助，这样他也就不会因为你的拒绝而不快了。

由此可知，拒绝别人的请求不是一件简单的事情，尤其对于那些拒绝困难户来说，更是让其感到难为情，一个“不”字始终说不出口。但是，古语有云：“当断不断，必受其乱。”在一些不得不拒绝的情况下，你还是应该狠下心来拒绝对方，同时也要将拒绝的语言表达得委婉一点、好听一点，这样别人才乐于接受。

点睛

虽然是对方有求于你，但是如果你拒绝不当，你就成了伤害人的那一方，容易令对方不快、恼恨。所以，为了避免自己因为不会拒绝而失去朋友、得罪领导，就需要你懂得一点拒绝的技巧，才能让拒绝也变得“甜蜜蜜”。

71. 如何让拖延症患者快速回复

很多人在小时候都背过古诗《明日歌》——“明日复明日，明日何其多。我生待明日，万事成蹉跎。”然而，很多人都是“语言上的巨人，行动上的矮子”，他们在背了这首诗歌后，行为上依然拖拖沓沓的，最终成为拖延症患者。

拖延症有很大的弊端：一天能完成的工作，拖延症患者硬生生地拖延了三天、五天，耽误了最佳时间；一句话的事情，拖延症患者却迟迟不肯说，导致事情停滞不前；缺少时间感和危机感，拖延症患者说话做事永远都在往后推，导致大家的时间都浪费在他的拖延上。那么，如果你面对的是一个拖延症患者，你要如何询问，才能让对方乐意并快速地回答你的问题呢？

第一，理解对方拖延的原因。任何事情的发生都是有原因的，你想要对症下药，不妨先去诊断一下对方的病因在哪里。除了被其他人或事绊住脚，拖延症的主要原因是内因。是不是因为对方对你说的这件事情不感兴趣？是不是因为对方的性格原因让他不敢贸然走出“安全区”？是不是因为对方没有时间观念，说话办事的效率太低？明白了对方拖延的原因，你就可以治疗对方的拖延症了，比如想办法说对方感兴趣的话题，引起对方的注意；想办法鼓励、激励对方，让他走出“安全区”；想办法提高对方的办事效率；等等。

第二，制订合理的询问计划。对于拖延症患者来说，告诉对方一个确切的截止时间是没有用的，他们依然会拖到最后一刻才回复你。所以，不如一开始就制订一份合理的询问计划：在第一个小时内会问到什么问题、解决什么问题，第二个小时内需要问到什么问题……以此类推，在完成一个个小目标的基础上，完成你最终的大目标。

比如，你在国庆节想邀请患有拖延症的女友去武当山旅游，可你不能直接问对方：“亲爱的，国庆节有空吗？我们一起去武当山玩好不好？”如果你这样问了，拖延症患者十有八九会回答你：“现在离国庆节不是还有一个多月吗？我们到时候再说吧，看时间安排。”

为了成功地让对方和你一起去武当山，你应该这么说：

“亲爱的，最近你工作太累了，我们出去玩一下怎么样？”

“好啊，可是我没有假期啊！”

“这个你不要担心，我们可以来个短途的周末游。”

“周末游……那我周一上班的时候会不会很累？”

“这样啊。正好国庆有七天假，我们国庆出去玩怎么样？正好可以多玩两天，还有时间休息。”

“国庆……现在还早吧，万一到时候有其他事情去不成怎么办？”

“到时候有其他事情再退票就可以了，现在网络很方便的。好了，不要想那么多了，亲爱的，你快想想你是想去登山还是去海边？”

“登山吧。”

“咦？正好，××旅游网国庆节有去武当山的团购，正在搞特价，很划算，我们就订这个怎么样？”

“可以吧，我也没有去过武当山。”

“好的，说定了，我下单了！”

第三，注意你的言辞，要直奔重点。你要想让拖延症患者快速回复你，或者直接下决定，那么你在询问对方问题时最好直奔重点，措辞直接、简洁一点，而且最好能从对方感兴趣的点入手，才能吸引对方的注意力，让对方迅速领会你的意思，快速作出回答。

第四，适当的压力就是动力。有很多人之所以拖延，是因为他们在当下的环境中过得非常舒服，作决定或者去做某件事会让他们离开自己的“舒适区”，所以他们才会一直拖延下去。这就需要外在的一些压力，迫使他们走出“舒适区”而不得不改变。不过要注意不能压得太紧了，否则若是对方感觉到疲惫、压力过大，他们说不定会破罐子破摔，直接不回复你，那就得不偿失了。

此外，你还可以营造“一分钟”的感觉，随身携带钟表或时间沙漏，让对方能亲眼看到时间的流逝，知道自己的拖延正在浪费大好时光。这就像“限时作答”一样，对方听到时间有限，斗志就会提升，自然就会提高效率，加快回答问题的速度。

总之，拖延症不是一朝一夕就能治好的，却也是有药可医的。只要让对方切实地感受到时间的存在，明白何为“责任”，就会加快自己的速度、提升做事效率。

72. 用问题让对方快速作决定

你玩过猜硬币的游戏吗？当你犹疑不定的时候、当你决定不了什么事情的时候、当你犯了选择困难症的时候，你可以拿一个硬币，正面代表一件事情，反面代表另一件事情，然后你朝天扔一下，将其扣在手中，猜猜是正面还是反面。当然，玩猜硬币游戏的关键不在于猜正反面，而在于当你面临“你希望的是哪一面”这个问题时，你心中的第一选择，或者是你心中比较倾向的那一个选择，那就是你心中的真实想法了。

人们把这种设定一个决定机制替对方作决定，促使对方被迫承认心中的想法的做法称为“丢铜板法”，就是利用问题让对方快速作出决定，以免对方连喝什么饮料都想半天，反反复复、犹疑不定，耽误大家的时间。

为什么有些人作决定这么难呢？一是因为贪心。其实，许多人心知肚明自己真正想要什么，但是他们太过贪心，什么都想要，却忘了“鱼和熊掌，不可兼得”的道理，才导致选择困难。二是因为焦虑。对于有些人，作决定并不是简单地说个“Yes”或者“No”的事情，而代表着“改变”，而改变会使他们感到焦虑，于是他们害怕作决定，担心因选择了一个错误的选项而带来厄运。

因此，当你遇到有选择困难的人时，不妨先了解对方是何心理，再合理使用“丢铜板法”，用问题帮助他们消除犹豫，让他们快速作出决定。不过，因为遇到的人不一样，“丢铜板法”也有不一样的使用方法，询问的问题也不一样。

第一，积小成大。如果你能帮助对方作出小的决定，那么，他们自然也会作出大的决定。本着积小成大的道理，许多小决定会慢慢累积，促使对方作出一个大决定。然而，帮助对方作一个小决定是比较简单的事情，因此，如果你想要对方做什么事情，不如将这件事情分成几件小事情，引导对方一步步地前进，最后让对方自然而然地作出那个你想要的决定。

例如，你喜欢一个异性，想要约其周末一起出来玩，为了避免对方直接拒绝你，你可以先不直奔主题，而是问一个小问题：“你星期六晚上除了看电视外，还有什么要做的吗？”对方听到你这个问题后，肯定会想自己周六晚上的计划，如果真的没什么其他事要做，那对方很可能就会想那天晚上要去做些事情。这个时候，你紧接着问出第二个问题：“如果不打扰你安排的话，你觉得去看电影怎么样？”如果对方拒绝了，那紧接着再给出一个选择：“我知道那天 ×× 有一场篝火宴会，你想参加吗？”这样一个个小问题问下来，总会有对方感兴趣的，还怕对方不和你一起出去玩吗？

第二，肯定回答。如果你对帮助对方作出小决定也没有信心的话，不妨问对方一些只能回答“是”的问题。例如，问一个非常喜欢旅游的人：“如果不考虑金钱和时间，让你一个人出去旅游，想去哪玩儿就去哪儿，你喜欢吗？”这样一来，对方不断地回答“是”，会让对方的逻辑与情感逐渐变得很清晰，很快就能得出非常简单和明确的决定。

第三，限定选择。当你不知道对方为什么难以作出选择时，你可以选择一个有限制性答案的问题，例如：“你希望我们在星期二还是星期四见面呢？”关于这种问题，对方一般都会作出一个选择。但是如果对方无法作出选择，如果他们说了“不”，你一定要表现出适当的惊讶与不解，自然地询问对方为什么，然后了解对方是因何原因没有办法作出选择，再想办法帮助对方克服这个问题。

没有作不出的选择，只有想不想作出决定。所以，不妨用问题来建造一个“鼓风机”，吹开对方心中的迷雾，让其看到自己心中真实的想法，快速地作出决定。

点睛

一个好的问题比直接的命令更有效，也能让对方更快地作出决定。所以，只要你善用询问技巧，就可以顺利地找到答案。

Chapter 8

互动让询问从“独角戏”变成“二人转”

73. 积极互动，边询问，边表达

杨澜，中国电视节目主持人、媒体人、企业家、慈善家，2013年被福布斯评为全球最具影响力的100位女性之一。作为公众人物，她知性、优雅、美丽，但更为人交口称赞的是她的智慧和大气。

杨澜说："周星驰人称喜剧之王，在真正接触他的时候你会发现，他并没有电影中那么多夸张、无厘头的表情，他显得很含蓄。"采访周星驰的那次，房间后面的电视一直在放着星爷的电影，让现场的气氛轻松了不少，因为在一个陌生的环境中有了能让周星驰契合的东西。杨澜并没有问很宽泛、官方的问题，比如"在拍电影的这些年，您都遇到过哪些鲜为人知的困难？对电影这方面，您今后还有什么规划或者希望有什么样的发展"。相反，杨澜挑选了一些很细致的问题："影迷们都批评《美人鱼》什么？制作成本很高吗？"这些家常的问题让周星驰回答得很舒服。周星驰说，早些年，电视台有一篇很小的专栏评论了刚开始做演员的自己，当时褒贬不一，有人说他已经很好了，也有人说太差。杨澜赶忙接话，笑说："批评了你什么啊？对于这点我们都很好奇啊。"星爷边笑边回答，杨澜紧接着又说："所以笔者是觉得，你能被他留意，对你已经是一种鼓励了吗？"周星驰很坦然地说："嗯，是对当时的我的一种鼓励。"杨澜说："因为那时你演艺之路才刚刚开始，还没有人留意你对不对？"周星驰笑道："对呀，就是这个意思。"杨澜还问到了那部很经典的《大话西游》："《大话西游》这部电影，影迷说它诠释了一个很老套的爱情主题，按理说大众应该是可以对这种题材免疫了，可为什么还是会觉得它有一点意思？"周星驰突然一脸认真地说："其实它有不老套的地方，当然‘爱你一万年’是很肉麻的告白，人们可能不会直接说出来，那你有没有说出来过？”说完随即哈哈大笑的周星驰让杨澜感觉到他对这个问题的抵触，看出了周星驰对自己作品的保护，于是杨澜很清醒理智地换了话题。

杨澜说过这样一句话：“有时命运的戏谑就在于，你一直犹豫不决，等到终于下定决心，已经到了谢幕的时间。”

在我们的潜意识里都是希望被认同的。很多时候，某一瞬间冒出的想法，我们没有办法主观地判断它的对错，可是还是要表达，所以我们可以借鉴杨澜的表达方式，首先积极主动、小心翼翼地表达出主观意识，同时小心询问对方的想法，顺便提出自己的意见、方法。

人们常说，“千里马常有，而伯乐不常有”。有机会的时候就要主动说，多表达一次就多了一次机会，万不可纠结，等到时过境迁，说当初是因为没敢开口而错失机会。

点睛

说话的艺术是多种多样的，但首先是要表达自己的想法，积极主动地开口，同时询问对方的现状。在自己表达想法的同时兼顾他人的情绪、情感，这也是需要修炼的说话艺术。

74. 注意语气，并重复对方的话

在我们的潜意识里，特别希望听到被理解和感同身受的话。我们希望可以被别人用同理心来对待，为我们换位思考，为我们设身处地考虑，然而现实总是背道而驰，我们总是抱怨自己不被理解。冷静下来想一想，我们可能也并没有做到这样对待别人。

伍勒先生与美国历史上一些很著名的艺术家都有来往，而且曾经是世界低音歌王夏里亚宾的经纪人。夏里亚宾在一次演唱会之前打电话给伍勒先生说：“我

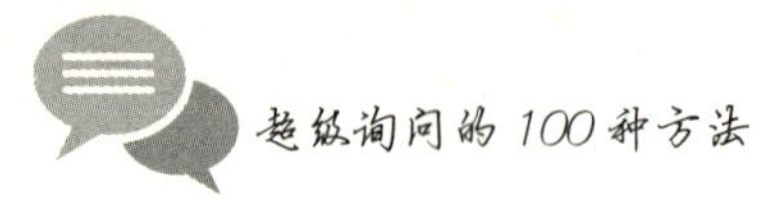

现在身体很不舒服，喉咙也哑得厉害，可能是患了重感冒，明天的演唱会可能去不了了。”

伍勒先生当时冷静地思考了一下，如果自己像其他经纪人一样说：“这不可以，明天的演唱会是你一个人的，主角怎么可以不出现呢？那些歌迷怎么办呢？”会使夏里亚宾很反感。

于是他去了夏里亚宾住的酒店看望了他，说：“亲爱的朋友，你怎么患了这么严重的感冒呢？喉咙哑得厉害吗？身体有没有好一点？其他的事情你都不要担心，至于取消这场演唱会，我会努力协调好各个方面，虽然可能会有一些损失，但是没有什么比自己的身体更重要。”

夏里亚宾听到伍勒的这番话，很是安慰：“你真是太理解我了，不过，我想我现在的情况可能还没有那么糟糕，你晚上再过来一次，我们确认一下。”晚上伍勒又到了酒店，表示同意取消演唱会，请夏里亚宾好好休息，而夏里亚宾却说：“要不你晚一些再来一次，我会好一些。”

终于，伍勒先生第三次去的时候，夏里亚宾准备登台演出。所以这件事最后很圆满地解决了，没有任何损失，夏里亚宾如约登台演出，而且还很感谢伍勒的关心和体谅。

伍勒说其实自己知道夏里亚宾的感冒还没有到上不了舞台的地步，但是既然他自己说表演不了，就要理解他，并且要用很同情的语气来安慰他，再说一遍他说的话，给他以“对方感同身受”的体验，表示出理解和尊重，这样，他总会好好考虑决定了的事情。

很多时候我们急于否定自己不想听到的答案，往往会忽略别人的感受，结果适得其反。虽然我们可能并不认同对方，但是也要去理解。学会理解其实是一门很复杂的功课，我们在聆听的过程中适时重复对方的话，会给对方带来莫大的安慰，就像小朋友哭着跑来对你说，楼下的弟弟抢了自己的玩具，此时你并不需要急着带他“讨回公道”，你可以说：“楼下的弟弟是很喜欢你的玩具，他只是想和你一起玩，不好意思开口，你可以主动开口带着他玩啊！”也许你就会看到很美好的画面。

很多时候我们觉得自己说的话并无不妥，却都不曾想过自己的话在别人心中会被理解成什么样子。人性本善，我们都希望自己可以帮助别人，但却可能因为我们忽略了方法而使结果不尽如人意。

点睛

询问别人时，我们不但要组织好自己的语言，也要站在对方的立场去理解和感受，调整好自己的语气，重复对方的话，同时自己也感受一下对方当时的心境。随时带着同理心，是个人魅力的体现。

75. 不要问别人不愿意回答的问题

中国知名“八零后”作家郭敬明，是上海最世文化发展有限公司董事长，在第三届全国新概念作文大赛中获一等奖，同时也是知名的编剧、导演。

前几年，某大 V 在微博贴出一张郭敬明从奔驰轿车中走出来的图片，婉转地嘲笑郭敬明的身高。不过郭敬明倒是很大方，还跟帖回应，毫不介意自黑一把。

这张图中躬身下车的郭敬明几乎与轿车等高，于是他问郭敬明：“谁能告诉我奔驰 S350 的车身高度是多少？”没想到“奔驰客户服务中心”竟然回复称该系列轿车车身高度为 1485 毫米。

如此不留情面的抹黑和嘲笑并没有激起郭敬明的怒火，他反而转发微博，并调侃道：“谢谢奔驰的客户服务。”这一低调回击引得他的粉丝纷纷点赞，称：“我们四爷是靠才华和智商吃饭的！”其实郭敬明多年来面对了不少对自己身高的嘲笑——早在电影《小时代》系列的发布会以及各种为电影宣传所做的活动上就是这样，各位女演员踩着“恨天高”站在郭导两边，一字排开，形成一条身高抛物线，郭敬明很坦然地站在抛物线最底部；而他也曾在出席某电视节目选秀时，遭遇四位选手拿身高这一问题开玩笑的窘境。说者无意，听者有心。郭敬明当场反击：“幽默是让人开心，而不是你们攻击别人的工具。”

他坦言刚开始的一两年会有委屈，但现在已经能一笑而过了。他此前在接受采访时也说过：“如果你讲的东西很有道理，我还有点心虚，心想真的被他抓到把柄了，然后偷偷地改掉。但有些纯粹是毫无任何意义的攻击，比如说（抹）黑我、说我矮，你说那我能怎么办，对不对？我已经成年，我长不高了，我能怎么样，对不对？难道我要每天纠结怎么能长高吗？”最近一次他对于这个问题的回答是：“我现在已经不在乎了，我的父母很为我骄傲，但是看到关于身高的这些议论时，他们也会难过，觉得很对不起我。”

古人云：“一言而兴邦，一言而丧邦。”说对话、提好问题往大了说关系国家命运，往小了说影响我们普通人生活。很多时候你可能觉得只是开个玩笑、爆个料，并没有什么大不了的。可是既然对方没有主动提，就是不想说。假使我们是对的，对方是错的，但我们咄咄逼人、刨根问底，还是会伤害对方的自尊。

试想一下，如果你对一件事情三缄其口，自己不愿意提，更是拒绝别人的提问，而偏偏就有人很好奇，拿出打破砂锅问到底的“意志”来追问，你会怎么办？所以，很多时候不管我们的好奇心有多强烈、对一个答案有多么渴望，如果当事人不想回答，就不要再问。我们可能没有办法变成所有人都喜欢的样子，但是要努力去做善良的人。

说话人人都会，说好却不一定都有把握。有时候，我们某个不小心的措辞可能会触碰别人的底线，会提出别人不愿意回答的问题，没关系，赶紧转移话题，避免更大的失误。

点睛

最好的交流就是既得到自己想要的答案，又完美地避开别人不愿意回答的问题。所以，我们要学会站在别人的角度，多替别人考虑，委婉、平和地提问。

76. 要善于在倾听中提取新问题

在人际交往的过程中，沟通和交流是必不可少的。当我们与人沟通和交流时，最应该让自己学会的一门艺术就是倾听。

可能人们都想当然地认为，倾听是一件非常简单的事情，只要听着就可以了，没有什么难的。但是事实真的是这样吗？其实倾听分为两个部分，第一部分是听，第二部分是反馈。

在倾听的过程中，我们一定要做到耐心和认真，一边听一边思考，这样才能理解对方说话的内涵。尽量不要打断别人讲话的思路，应该恭敬地听完别人讲话。在倾听的过程当中还应该充分表现出对对方的礼貌和尊重，这样才能够让对方在说话的过程中始终保持一种专注的状态，拥有一个完整的思路。

听完之后要对对方说话的内容有所反馈。首先要做的是把自己一知半解的东西弄清楚。比如，在听的过程中没有没听清的或者感觉有歧义的地方，一定要亲自问对方，不能含含混混地理解，因为如果不弄清楚对方真正的意思，很有可能产生歧义。其次要做的就是要从倾听当中提炼出新的问题。在提问的过程中尽量不要让对方感到尴尬，也不要表现出对对方的不信任，而应该在一种轻松自在的状态下提出一些有意义的问题。

大家最关心的肯定就是，什么样的问题算是有意义的问题呢？首先提出的问题要紧紧围绕对方说话的中心，也就是说始终要以之前的“听”为基础，在对方说的话的基础上思考，然后再引申到一些新的问题上。其次就是要有所创新，不能够只在原先的内容上徘徊，而是要结合自己个人的思考，或者是结合现实状况分析——只有创新的问题才能够产生新的意义。还有，在提问的过程当中不要畏惧，不能因为害怕某些情况的发生就不提问题，否则受损失的只会是自己。

例如，老师在教学的过程当中会首先讲解例题或者是书本当中的知识。此时学生就应该认真听讲，而且要努力寻找其中自己不明白或者是有困惑的地方。如果有就一定要赶快提出来。

可能一般的学生和老师进行到这样的地步，就已经基本完成了教学活动。但我们只能说，这样的步骤，应该仅仅是完成了一部分任务。真正优秀的学生，总是能够从这些例题当中发现一些比较普遍的规律，这时就可以将这种规律提出来看看是否正确；更有一些用功的学生，可能在老师讲解例题之前，就已经把很多习题做完了，这样的话，他可能会就一些习题提出自己的新问题。

点睛

人在交流的过程当中应该善于倾听。倾听不仅仅是被动地听，还应该主动地提出自己的问题，这样才能够在交流的过程中有所收获。

77. 察言观色，插话要适宜

很多人在与人沟通的过程当中都不喜欢被人插话。因为被人插话的时候，总觉得说话的过程被打断，思路会受到阻碍。还有的人会在插话的时候直接偏离话题，于是整个话题就开始完全不受控制。

但是，在看很多现场采访的过程中我们发现，优秀的采访人，如杨澜、白岩松、崔永元等，他们在采访的过程当中其实也会插话，但是他们的插话都是非常恰到好处的，既不会让人感到突兀，也不会让人有被打断的感觉，而是自然而然地就衔接起来，没有让人感到任何不舒服。这时人们才会明白，原来我们并不是不喜欢有人插话，而是不喜欢那种不懂说话艺术的插话。

其实沟通和交流是双向的，即在沟通和交流的过程中不能呆板地只回答或者只提问，这样会使得对话非常死板，这样的对话也很有可能不会有深层的思想内涵。因为真正能够促进思考的对话一定是要有各种各样的交流的，这样的交流会对沟通起到很大的作用。

在沟通的过程中，插话是必不可少的，但是我相信很多人其实并不明白插话的真正含义。所谓插话，指的并不是在别人说话的过程当中打断别人，而是在与别人交谈的过程当中插几句话，但是这几句话说起来却有很多需要注意的事情。

插话的时机是非常重要的。我们插话的时机，一定要选在对方已经将上一个意思表述得比较完整的时候，此时才可以稍微说一些对上个问题的疑问或者是感受，这样能够让对方明白你确实一直都在认真听。还有一种有必要插话的情况是为对方解围。很多人在说话的过程中会出现突然忘词的情况，这时就需要有一个人用比较自然的语气对说话的人稍加提醒，相信这样的提醒一定能够让当事人非常感激。

插话本身的内容也是非常重要的。插话的内容不能偏离主题太远，如果偏离太远，就会直接干扰说话人的思路。插话的内容最好是经过思考或者准备的内容，如果太肤浅，很可能会让被插话人感到不被尊重。

插话其实只是对话当中小小的调味剂或者润滑油，我们可以通过一些机智和巧妙的插话，令两个人的对话更加流畅，或者在对话的过程当中多一些幽默。

有很多不经过大脑思考的插话是对话中的“地雷”，一旦踩到就很可能再没有进行对话的可能了。英国著名影星费雯丽因为出演《乱世佳人》一举成名，并且获得了奥斯卡金像奖，后来她又飞往纽约，庆祝这部影片的复映。在活动当中，有一个记者前去采访，问了一个非常无趣的问题：“您在这部电影当中扮演什么样的角色呢？”当时费雯丽就反问道：“您看过这部电影吗？看过这部电影的原著《飘》吗？”记者回答说都没有看过。费雯丽立刻就说：“那就不必多谈了。”从这样的一件事中就能够看出，这种问题绝对是“雷区”。当时《乱世佳人》已经搬上大荧幕 20 多年，但是这位记者在采访之前竟然一点功课都没有做，这种问题确实会令人感到不适。

这样的原则其实在插话当中也是同样适用的，如果在插话的过程当中只是说一些这种没有经过大脑思考的问题，一定会令别人感到反感。

点睛

插话也是一门艺术。在与人交谈的过程当中，一定要学会在适当的时间插适当的话。要尽量选择一些对主题有帮助，对双方交流有推动作用的语言，不能盲目瞎说。

78. 不要一味地点头，有主见的人才能赢得尊重

我曾经问过朋友一个这样的问题——最喜欢跟什么样的人交流？我收到了各种各样的答案。有的人说，喜欢跟有共同话题的人交流；有的人说，喜欢跟有相同观点的人交流；但是最让我喜欢和难忘的一个观点是，喜欢和有主见的人交流。

有一个朋友跟我讲，他是做编辑的，经常需要接触各种各样的选题，所以他懂得的知识也比较多。跟人聊天的时候，会要涉及很多话题，但对这些话题的讨论往往不仅仅是陈述事实这么简单，而是要对一些现象或者事件进行评论。这时他最讨厌的就是总点头说“对！对！”的这种人，因为有时候他完全分辨不出来到底这种人是真的对所说的事情比较赞同，还是因没有听清而在敷衍。他最喜欢的是有主见的人。有主见的人总是能够在谈话当中脱颖而出，他们即便同意别人说的观点，也可能会有另外的理解，并会将不同的理解说出来，令人们的视野更加开阔。这种人遇到自己不同意的观点，也会说出来，而且通常能够像写论文一样将自己的语言组织得井井有条。那个朋友还说，他其实尤其喜欢那种能够跟人因为一个问题争论起来的感觉，倒不是真的要对分歧点争个对错，而是要通过这样的争论看到自己的思考和别人的思考有什么不同。

其实一个人有没有主见，从很多方面都能够看出来。一个有主见的人，一定有自己的思考和判断，对于事物的理解也都是符合自己的实际现状的。这样的人不会因为别人的意见改变自己的主意，也不会因为某种流行或者风尚就改变自己的观点。因为他们心中始终都有自己的观点，始终都对自己的内心有一种认可，这样的人才是真正强大的人。

我们在很多沟通或者交流的方法当中都看到过这样的说法：当自己与别人的意见不一致的时候，不应该表达出来；或者在工作的过程中，如果自己与上级领导的想法是不一样的，也不应该直接提出来。其实这样的说法是有失偏颇的。正确的做法应该是，时刻都保持自己的头脑清醒，对于发生的事情或者别人说过的话要有自己的理解。如果这件事情的错误程度已经非常严重了，那么无论如何也应该说出来，

这时就不应该再顾及什么礼貌或者上下级关系了。但是有一点非常重要，就是一定要有充分的思考和充足的理由。如果你只是为了反对而反对，没有任何理由，是不会得到任何人的信任的。

所以，不论是在工作还是生活当中，我们都应该尽力去做个有主见的人。

一个有主见的人，不论是同意还是不同意你的观点，都会有非常充分的理由，而且他能够将自己的这些观点阐述得非常完整。世界上很少会有两个想法完全一样的人，所以当你在生活中遇到“只会点头”的人的时候，一定要好好判断。

当然有主见的人也应该注意，在生活当中只需要表达自己的观点就可以了，而不能把自己的观点强加给别人。真正有主见的人明白，所有的主见其实都是建立在个人条件的基础上的。抛却个人条件，很多事情可能就不再成立。

让自己尽力去做一个有主见的人，让自己得到更多尊重。

点睛

在与人交流的过程当中，如果你一味地点头，很有可能就是没有自己的见解和观点。要有自己的主见和观点：当自己同意的时候，应该说出自己同意的理由；不同意的时候，也应该陈述自己不同意的理由。

79. 遇到自己不赞同的观点时，别急着反驳

一对新婚夫妇外出游玩的时候，在火车上遇到一排小孩子，他们可能是出门旅游的，因为几个年龄相仿的小孩子一直都坐在一起玩耍，整个旅途非常吵闹。

丈夫对妻子说：“我们以后还是不要小孩子了，小孩子真的是太闹腾了。”妻子听到这样的话心里有些生气，因为丈夫知道她是非常喜欢孩子的，而且特别希望两个人能尽快有孩子，丈夫这么说实在是让她不开心。虽然妻子感到很生气，但是也并没有直接反驳丈夫的观点，而是说：“好吧，不要孩子就不要吧！正好我们也不

用一直攒钱买房了，反正现在买房也都是为了孩子上学。”丈夫听了妻子这话有些吃惊：“你不是一直都非常喜欢孩子吗？”妻子说：“没有关系啊，我也要尊重你的意见啊。其实不要小孩也挺好的，现在养小孩的压力实在是太大了，我们如果不要小孩，就可以不用买房，还可以用年终奖出去玩，你可以买新的电脑，我也可以买新款的包包，那样我们的生活也会很好啊！”看着丈夫默不作声，妻子继续说：“别犹豫了，我们赶快看一下还有什么旅游线路，趁着放假的时候赶快去吧！”这时丈夫有些犹豫了：“其实，我的意思是不想现在要小孩，晚两年再要也挺好的。这些钱我们还是为以后的孩子攒起来吧。”

其实妻子完全知道丈夫的想法，只是如果当时妻子就表现出不同意，那么他们这次交谈的结果一定是大吵一架，所以她就先表现出对丈夫的同意，然后再一点点让丈夫改正自己错误的地方，避免了一次不必要的争吵。

当对方提出一个你并不同意的观点的时候，你没有必要马上就否定。因为急切的否定一定会带来双方的不合，两个人很有可能会陷入争吵。而且在这样的状况下，双方都会觉得自己没有受到尊重。先发表观点的人觉得自己说出来的观点被反对了，提出不同意见的人也觉得自己的内心没有被理解。

所以这个时候最明智的做法就是压制自己内心的怒火，然后开始好好交流。

方法是，首先在表面上表示出自己的支持，这样能在很大程度上避免冲突。然后再慢慢地说出自己的想法，比如说自己要想实现这样的目标会付出多大的代价，并且还要在谈话的过程当中始终表示“我是支持你这样做的，但是你应该为自己的决定承担责任，应该明白一定要付出代价”。当然，对方有可能会始终坚持自己的观点，觉得那样才是自己真正的选择，那也无可厚非。也有可能对方听了这一番陈述之后，就觉得自己可能真的无法为该决定承担责任，就不再坚持了。

或者在听到别人的想法之后，并不作评价，因为盲目的评价是没有意义的。首先应该做的是对事情进行分析，比如说想要达到这样的目标需要什么样的条件、现在有什么欠缺的地方、需要怎样努力地去改进才能够达到想要的状态。所有的这些情况都能够帮助一个人作决定和下结论，所以这样的分析是非常必要的。

即便有一天你的观点受到别人的反对，你也不要着急去争辩。因为对方可能真的有值得你借鉴的意见。

点睛

当你遇到自己不赞同的观点或者答复的时候，先不要发脾气，因为发脾气是没有任何用处的。真正有用的做法是将自己对于事情的理解和观点陈述出来，让对方能够更好地认清问题。

80. 强化对方的自主权，可让对方更容易开口

在与人交流的过程中，我们经常会遇到这样的状况，就是两个人都是相对内向的人，说话的时候都不主动开口。遇到这种情况很令人尴尬，应该怎么办呢？

首先要做的就是开口说话。受交流双方的性格或者交流氛围的影响，有的沟通在进行的时候十分艰难。但是，无论如何都要有人开口说话，最开始觉得尴尬的时候，可以先聊一些无关痛痒的问题，比如说天气、新闻、周围的事情。或者可以自言自语一些自己的事情，这样就能够引起对方的一点注意，对方可能就会询问，你刚才说了什么、要表达什么，这样对话就慢慢展开了。

其次可以在说话的过程当中注意树立对方的自主意识。其实在交流的过程当中，总是存在强势的一方和弱势的一方，比如说会有一方不停地询问对方的意见或者建议，另一方回答。这个时候，你可以刻意准备一些话题，可以是自己在生活中的困惑，也可以就一些简单的事情征求意见，并且要认真听。因为这样能够让对方觉得自己是被需要的，说话会更加自如。

听到对方的话后，应该给予积极的回应。在对话的过程当中，每个人都希望自己被重视。所以，当对方表达了自己的思想之后，我们一定要给予回应。可以是对对方的认可，也可以是对对方的赞美。当然，也可以表达与对方不一样的观点，比

如对方在哪些方面考虑得不够全面，在哪些内容的认识上有些片面，这些都可以提出来。所谓积极的回应指的是一种积极的态度，这样的态度能够让对方感觉自己的表达是有意义的，所以会更愿意表达。

在这里，最重要的是始终保持愉悦的心情和欢快的沟通节奏。在交流和沟通的过程中，氛围和环境是非常重要的。如果沟通能够始终保持一种欢快的节奏，双方也始终保持一种愉快的心情，那么这样的沟通、交流将是让人感到舒适的，在舒适的氛围中，人们当然就愿意思考更多、说更多，这是不言而喻的。

美国著名哲学家杜威曾经说过这样的话："人类本质里最深远的驱策力就是希望具有重要性，希望被赞美。"其实人们在现实生活中，所有的行动都是为了实现某种希望，沟通也是如此。曾经有过这样的故事——一个内心比较脆弱的孩子，被老师或者是家长说了一句："你去死吧！"结果就真的跳楼自杀。这样的例子虽然有些极端，但是也能够说明一些问题。确实很多人因为在沟通的过程当中从来不注重对方、不给对方希望，最终令对方走进"死胡同"。

所以说，真正懂得沟通的人，应该时时刻刻都照顾对方的情绪，让对方拥有自主权，这样才能够令沟通和交流更有成效。

点睛

沟通的过程其实也是一个互相博弈的过程，其中一定会出现强势的一方和弱势的一方，通常强势的一方都会认为自己拥有更高的水平或更强的能力，会愿意说更多。我们在沟通的过程中如果能够有强化对方的自主权的意识，就能够令沟通更加简单。

81. 营造平等的沟通氛围

在日常生活中，只要存在沟通，就应该注意营造平等的氛围，这样的氛围是非常重要的。

有一个故事，叫《沙漠里的爱情》。故事讲的是一个法国士兵独自置身于荒凉的沙漠中，奄奄一息，醒来的时候发现自己的身边有一个嘴上沾着血的豹子。但是当时这个豹子已经吃了其他的猎物，所以对他并没有恶意。士兵本来想用匕首杀死豹子，但是后来又改变了主意——他觉得自己在沙漠中孤苦无依，所以决定与豹子和平共处。结果这个士兵和豹子果然建立起了非常深厚的感情。有一次，士兵被流沙困住了，就是因为豹子在他的身边，才将他从流沙当中解救了出来。

但是非常不幸的是，最终这个士兵还是亲手杀死了豹子。有一次豹子轻轻地咬士兵的脖子，士兵就以为这个豹子要吃他，于是掏出自己的匕首刺向了豹子。但是之后士兵马上就意识到其实豹子并没有任何恶意，因为即便他刺向了豹子，豹子的眼睛里也没有任何愤怒和不安，而是带着怜爱，但是很可惜士兵在之前并没有意识到。

后来这个士兵在回忆起这件事的时候，说他觉得其实在其他任何地方的日子都比不上在沙漠当中和豹子一起的日子，那些日子令他感受到爱和关怀。

虽然说这个故事表面上讲的是人与动物之间的沟通，但是我们能够看出来它的本质是讲沟通的各种可能性。如果在人与动物之间能够有一种非常平等的沟通机制，那么很多误会就不会存在，那个士兵可能也不会因为自己的误解而杀掉豹子。

这个故事也是对现实中人与人关系的一种影射。在人与人的沟通中，虽然没有语言障碍，但是信任和猜忌问题更加严重。

人们在沟通中存在不平等。有的人总是藏着掖着，不敢说出自己的真实目的和想法。这样的人其实无异于那只豹子，用了错误的方法来表达自己的想法。本来是要对那个士兵表示关心，却用咬脖子的方式来表达，就让士兵产生了误会。人与人在沟通中，就不能让这种事情有机会发生，因为这种不平等总会给沟通带来各种阻碍。

因此，我们要想营造一种平等的沟通氛围，就应该始终敞开心扉、尊重别人、真诚待人。我们跟人沟通，其实就像交朋友一样，只有把对方当成真正的朋友，沟通才能有效果。我们应该把沟通的对象当作是值得信赖的人，真实表达内心的想法。

只有平等的沟通氛围才能真正带来有效率的沟通。它就像是一个和谐的基石，只要有了这块基石，很多问题都能迎刃而解。所以在生活当中，我们始终应该把握住最为有用的方式，令自己的沟通更有成效。

点睛

在沟通的过程中，最重要的就是营造平等的沟通氛围，这样的氛围能够让人们感受到和谐的存在和真诚的力量，能够让我们的沟通事半功倍。

Chapter 9

只询不问，在聊天中获取答案

82. 要说就说对方关心和感兴趣的事

知名主持人孟非有一个女儿。在他的一些节目中，观众朋友们经常能听到孟非提到自己的女儿，而且能听出来他很爱这个女儿。当然，孟非并不是故意找噱头，也不是为了让他女儿进军娱乐圈而扩大她的知名度，大家都能看得出来，孟非就是单纯地因为一些话题才想到了自己的女儿，都是有感而发。

在一次在节目中提到了“婚姻”这个话题，有个女嘉宾说她和她的前男友谈恋爱很久，感情也很好，觉得两个人马上就要结婚了，结果她的前男友却说自己的妈妈不喜欢女嘉宾，于是两个人就分手了。然后大家就讲到现在的很多男人动不动就说“我妈说现在结婚太早了”“我父母不同意我们结婚”等话语，好像这些男人还是小孩一样，结婚非要家长同意才行。

孟非做节目一向都很幽默、温和，听到这个话题却有些激动，说道：“我自己也有个女儿，然后我就经常对她说，虽然都说结婚不是两个人的事，是两个家庭的事。但是说到底，这还是两个人的事情。但凡有些男的结个婚还要听自己爹妈的意见，都说明这个男的不够成熟，或者是不够爱你。”

大家看，因为孟非很在乎自己的女儿，所以在他听到和“女儿”相关的话题（例子中的婚姻、爱情等问题）后，就会格外注意这个问题，并忍不住发表自己的观点。你在询问别人时也是一样，一定要找到对方关心和感兴趣的问题，哪怕这个问题只和对方感兴趣的点打了个擦边球，也依然会引起对方的关注，促使对方就这个问题主动发表意见。

为什么说询问要从人们感兴趣的话题说起呢？你可以设身处地地想一想——有

个人来找你谈话，喋喋不休地说了一大堆，说的全都是跟你毫无关系或者你不感兴趣的事情，你还愿意听他继续说下去吗？你还会认真听下去吗？你肯定已经在心里翻了好几个白眼，找个机会就闪人了，哪还会与对方交流什么话题呢？人都是一样的。所以说，为了不让谈话变得索然无味，你就一定要从对方感兴趣的话题说起。

再者，人们一般都会对自己感兴趣的事情如数家珍，你从对方感兴趣的话题入手，对方就有话可说，交谈的双方才会尽兴。而且，你从对方感兴趣的事情入手，那么对方就会感觉自己找到了志同道合的好友，会本能地与你亲近、降低对你的戒备心，与你说话也就更随意了。

那么，如何才能找到对方感兴趣的话题呢？这就需要你去琢磨对方的所思所想，需要你花费一点时间去了解他们，弄清他们究竟关心什么、在乎什么，因为只有这样，你才能知道与对方谈什么。如果你没有时间事先了解他们，也可以在谈话中抓住对方的情绪、关注点、工作、业余爱好等，推测出对方的喜好。

总之，你要知道，对方不会关心你所在意的事情，只会关心自己感兴趣的事情。为了让你的询问成功、让你的沟通变得更有意义，你要从对方的角度出发，从对方喜欢听的事情说起。

点睛

几乎每个人都有自己的爱好，都有自己在意的人和事，一旦在询问中触及对方的兴趣点，你的谈话就会事半功倍。所以，何不在询问之前抽出一些时间，认真了解一下你的谈话对象呢？这样你的收获将大大超过你的投入。

83. 从对方得意的事说起

李白诗云："人生得意须尽欢，莫使金樽空对月。"很多人有了让自己得意、自豪的事情，就会痛痛快快地喝一场，与亲朋好友一起把酒言欢。为什么这么说呢？

因为“人类的本质中最殷切的需求就是渴望被肯定”。

有一年，英国要举办一场盛大的少年科技大会，少年威尔逊很想去参加，但是他没有足够的钱。眼看着日期将近，威尔逊只好去各处借钱，甚至还去各大公司拉赞助，许诺将来学业成功后会为公司免费服务。但是，威尔逊毕竟不是成年人，没有人相信他的承诺，也没有人肯赞助他这笔钱。

正当威尔逊要放弃的时候，他突然从新闻上看到一家大公司的董事长前不久刚中了一张100万美元的彩票！还将这张彩票挂在了会议室里，每天看着票根乐呵呵地笑。聪明的威尔逊觉得这是个机会，就跑去这家公司要求面见董事长。

威尔逊见到这位董事长后，并没有立马借钱，而说自己是为了见一下那张令人瞩目的彩票而来的。威尔逊还说：“我来之前，我的其他同学都表示没有看过那张金额大得吓死人的彩票，也打赌您不会让我看那张彩票。但是，我现在站在了您的面前，如果我能看一眼彩票，回去就可以向他们形容一番了。请问，我能看看吗？”

看这位董事长将彩票挂在会议室就知道，董事长对自己中彩票的事是非常得意的。威尔逊主动来看彩票，可谓是正中董事长的下怀，他自然很高兴地带威尔逊去看了。威尔逊与董事长相谈甚欢，一边看一边听董事长聊这张彩票的中奖故事，始终都没有说自己想要请求的事情。

等到二人谈完彩票的事情，转折来了，这位董事长主动问威尔逊是否有什么困难。威尔逊一听，立刻把握住时机，将自己的目的说了出来。最后，这位董事长不仅答应了威尔逊的要求，还另外多资助了5位少年，和威尔逊一同去英国参加科技大会，同时还写信通知英国分公司的工作人员多照顾他们。

从威尔逊的故事中我们不难看出，适时地聊一下对方比较得意的事情，不仅能引起对方的兴趣，还能产生非常神奇的作用！

事实上，每个人的潜意识里都有一颗虚荣心，希望得到别人的赞美和夸奖、希望向对方展露自己喜爱的宝贝。或许对方得意的事情在你看来可有可无，但对于对方而言，这却是值得终身纪念的。所以，你一定要富于洞察力、善于发现对方的“闪光点”，从对方得意、自豪的事情说起。只要你说的话进入了对方的心底，让对方满意了，你就能拉近彼此的距离，激起对方说话的欲望，而对方也会很乐意与你往来。

不过，你一定要注意管理你的表情和态度。你可以表示敬佩之情，但是不能过分谄媚，否则会显得你的夸赞特别虚伪；你可以不理解能让对方的得意之情，但你不能面露不屑与轻视，否则会惹怒对方。只有你的态度得体了，才会让对方高兴，对方才会愿意亲自讲述这件事情，而你也才能从对方的讲述中获取一些信息。

总之，要想你的人际关系更加和谐，那就多谈谈对方关心和得意的事情吧！它可以帮你赢得对方的好感和认同、让你在人际交往中越来越轻松。

点睛

询问时如果从对方得意的事谈起，会令对方心花怒放，自然也会忘记与你保持距离。所以，聪明的人懂得从对方得意的事情入手，选择别人想听的事情展开话题，拉近与对方的距离，赢得对方的好感和认同。

84. 用大量信息轰炸，让对方没有思考的空间

如果你关注娱乐新闻的话，你就会知道，有些记者在采访明星的时候，尤其在采访正处于新闻中心的明星们的时候，一般都采用狂轰滥炸的方式，让对方没有思考的空间，只能全凭借着潜意识回答问题。

后来，很多访谈节目上就有了一个新的询问方法，叫“快问快答”，《金星秀》就是如此。每期节目的嘉宾，在寒暄开场后，金星都会说：“接下来，按照惯例，我要问你 10 个问题，需要你快问快答，不能思考和停顿。记住，速度一定要快！”然后，金星就开始一个问题接一个问题地往外蹦，语速也很快，导致嘉宾回答问题的语速也很快。

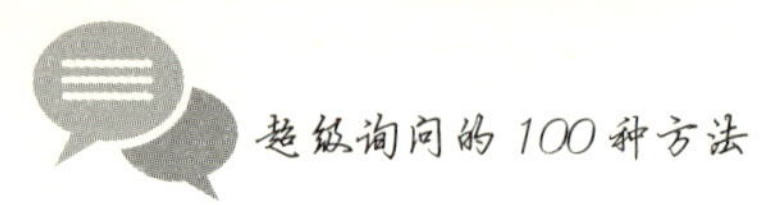

为什么要快问快答呢？因为快问快答会让你在最短的时间内接触尽可能多的信息。而研究表明，短时间内接触的信息太多，容易让人的注意力难以集中，并影响人的深度思考能力。同时，在交流中，快问快答也可以防止对方有过多的时间去思考怎么回答问题，防止其说出一个作假的答案。

但是，如果你一个问题一个问题地慢慢问对方，甚至中间还间隔了很长时间，那么对方就有足够的时间去思考、圆谎了。尤其是一些比较隐私或机密的问题，如果对方不想回答你的话，就可以东拉西扯，或转移话题，不正面回答。如果是快问快答的话，时间很紧迫，他没有多余的时间思考，在听到问题的一瞬间就会在潜意识中冒出准确答案，并脱口而出。

其实，这里快问快答的作用就像填鸭式教育一样，对方接受大量信息的轰炸后，既没有思考这些信息正确与否的时间，也没有吸收、储存信息的空间，完全只凭借着潜意识和惯性在回答问题。那么，你在询问中，应该如何使用大量信息轰炸的方法，让对方只能告诉你实话呢？

第一，对对方进行信息轰炸，让对方一时间就接受很多令他吃惊的消息。一般情况下，这时对方会处于“惊呆了”的状态之中，没有多少思考能力，甚至还会很惶恐。那么，你就可以充当对方的“救命稻草”，让对方依靠你。你在对方缓神的过程中，可以询问对方一些问题。等到对方清醒过来，你会也因为见证了这一过程而比其他人更受对方信赖。

第二，接二连三地询问对方问题，让对方没有时间进行深度思考。当人脑在短时间内接受大量的问题后，就会应接不暇，大脑忙着接收、整理这些信息，顾不上去思考和感受信息的内容，于是会产生很大的压力。压力越大，人越紧张，集中注意力的时间就越短。可是，他又不能不回答问题，就只能通过本能、潜意识来回答你的问题了。

第三，询问的问题要暗藏玄机。一般快问快答这样的环节，虽然会提出一堆问题，但并不是每个问题都对对方有挑战性。为什么要这么做呢？因为如果全都是信息量非常大的问题，而对方本来不想告诉你答案，那么对方很可能在遇到第一个问题时就沉默了。所以，“快问快答”中间应该夹杂很多无关紧要的小问题，让对方放松戒备；穿插提出关键问题，这样对方因为惯性很可能会直接回答，等其反应过来想要收回也晚了。

总之，当你的询问没有结果的时候、当你的询问太过刻意的时候、当你的询问无人理会的时候，你不如和对方玩一个“快问快答”的游戏，使用大量的信息去轰炸对方，让对方重拾谈话的兴趣，回应你的问题。

点睛

要想让对方回应你，你可以为对方制造一些“麻烦”——用大量的信息和问题去轰炸对方，让对方面对你排山倒海般的提问产生一种接不住的感觉，让对方的深度思考能力下降，让对方没有时间去思考，只能将他知道的信息坦诚地传达出来。

85. 因势利导，逐步瓦解对方的心理防线

战国时期，孙膑和庞涓都拜军事奇才鬼谷子为师，一起学习兵法。后来，他们听到魏国国君以优厚待遇招求天下贤才到魏国做将相，庞涓便下山成了魏国的谋士。因为庞涓的确有两把刷子，所以他很快就在魏国有了一定的声望。

魏惠王了解到庞涓有个同门孙膑后，就一心想把孙膑也纳为入幕之宾。但庞涓嫉妒孙膑的才干，怕自己的风头被抢，就在魏惠王面前诬陷孙膑私通齐国。魏惠王十分生气，就将孙膑抓了起来，还剜掉了他的膝盖骨，在他的脸上刺字。幸好当时齐国有一位使臣到魏国访问，偷偷把孙膑救了出来。就这样，孙膑成了齐威王的军师。

有一次，魏国派庞涓与赵国一起进攻韩国，韩国向齐国求救。齐王派田忌和孙膑一起带着军队去帮助韩国。在路上，孙膑就对田忌说：“魏国把大半精锐的

兵力都拿去攻打韩国了，正是国内空虚的时候，我们不如去攻打魏国吧。”果然，庞涓听到齐军攻打魏国的消息，只好退兵。这时，孙膑又对田忌说：“庞涓一定会放弃邯郸的，我们在半道上等着，顺着对方的路线埋伏好，迎头痛击，准能把他打败。”

果然，庞涓在返回魏国的路上，因为担心齐国兵马有埋伏，就带领军队走得很小心。后来，孙膑又根据“善战者因其势而利导之”的策略，假装败退，用逐日减灶的计谋让庞涓产生误解、率军大胆前行。庞涓果然上当了，看着炉灶日渐减少，就以为齐军退缩了，于是就大胆让军队没日没夜地沿着齐国军队走过的路线追上去。谁知，孙膑早在地势险要的地方埋伏好，等魏国军队路过时，围杀了庞涓。

这个故事讲述了孙膑是如何因势利导、顺着事物的发展趋势和规律逐步瓦解对方的防线，取得了胜利。因此，你在问问题的时候，如果对方戒心很重，你就可以采用因势利导的方法，逐步瓦解对方的心理防线，走进对方的心里。

在询问时，如何瓦解对方的心理防线呢？第一，学会巧用暗示来瓦解对方的心理防线。比如，你想要迅速与一个陌生人建立相互信任的关系，那么，你就不妨告诉对方一个秘密或一件很私人的事情，向对方表示你的信任。不过，你最好能让对方意识到是他赢得了你的信任，你才跟他讲这些的，而不是你为了获得他的信任，才与他讲这些，否则对方会怀疑你的动机。

第二，适当地让对方知道你的一些私事，这样对方会觉得你们俩的心更加贴近。当两个人彼此分享了私事之后，对方就自然敞开了心扉，会越发信任你。

第三，如果你在费尽了口舌之力后，对方依然守口如瓶，那么你就可以从信仰、生死轮回等问题入手。因为这些问题都玄之又玄，却是每个人都会遇到的问题，所以，在不会泄露秘密、没有威胁的情况下，对方还是愿意和你聊聊的。只要对方同意和你聊天、愿意和你说话，就表明他心灵的窗户已经打开了。你只需要精心呵护这段关系，让窗户缝变成大开的门窗。

第四，为了提高对方“诉说”的欲望，你可以使用煽情之法。人是情感动物，需要情感的支撑。当一个人感情波动较大的时候，会比较在意自己的感受，会有想要诉说这种感受的欲望。所以就需要你有煽动别人的情绪的能力，让他们有诉说的欲望。

第五，离目标一步之遥的时候，你可以推一把。有时候，对方想要跟你说一些不光彩或难以启齿的事情，但又害怕你知道后会对其有不好的看法，于是忍着不说。这时候你就需要“推波助澜”一下，让对方认为不得不说或说了也无所谓。

总之，你要根据对方的实际情况因势利导，或秘密交换，或刺激对方，简单的几句话，就可以瓦解对方的心理防线，使其找到理由开脱，而坦白“招供”也只是早晚的事。

点睛

因势利导，关键在于让对方知道你与他是有直接利害关系的，你得让对方明白——你既不是裁判，也不是法官，不会评判他的言行举止，只会做一个适当的倾听者，做对方可以放心的“树洞”。

86. 反面文章正面做，正话反说有效果

春秋五霸之一的楚庄王有一匹爱马，和今天大家养的宠物一样，是心头好。据说，楚庄王恨不得把天下最好的东西都给他的马儿。但是，因为楚庄王将马喂得太好了，竟然让这匹马胖死了！为此楚庄王非常难过，要满朝文武为马举哀，还要把马装进棺材，用埋葬士大夫的礼节埋葬它。

当时，大臣们听后都觉得不妥，纷纷进谏，但楚庄王不听，一意孤行。这时，有一个叫优孟的人听闻了此事，便坐在宫门口大哭，哭得惊天动地的，把楚庄王也惊动了，楚庄王就好奇他哭什么。优孟一把鼻涕一把泪地说：“大王心爱的马儿死了，我实在是太难过了。想我泱泱楚国，如此富有，却只用埋葬大夫的礼节来

埋葬大王的心爱之马，这实在有失我们楚国的体面。我听说大王非常喜爱这匹马，那为什么不用国君的礼节埋葬它呢？大王可以用洁白的玉石为它雕刻一具棺材，用花纹美丽的梓木做外棺，再发动国都的男女老幼来挑土堆坟。等到了出丧那天，就让齐国、赵国的国君在前面引幡招魂，韩国、魏国的国君在后面护送。再为它修建一座富丽堂皇的祠堂，用整牛整羊来供奉它的牌位，追封它为万户侯！如此一来，全天下的人都会知道大王的马比人高贵多了！”

楚庄王听到优孟这样说，不禁感到羞愧难当。最后在优孟的建议下，楚庄王将这匹马剖开、煮熟，吃掉了。

在这个故事中，优孟使用正话反说的方法将楚庄王的错误夸张放大，让楚庄王认识到自己的荒谬，终于醍醐灌顶、幡然醒悟。

有时候在生活中就是这样，你正常说话别人不听，或者没有多么大的效果，那么就可以试着正话反说，或者使用一些反语，这些话由于往往带有较强的讥刺、嘲讽口吻，对方会更容易认识到问题的严重性，起到很好的效果。同时，正话反说也能活跃气氛，让对方被你的问题所吸引，有兴致和你说话、听你说话。

比如，一位演说家上台演讲，结果台下的观众昏昏欲睡，没有人听他说。于是他就换了一种说话方式，说道：“我们男人啊，就像人的大拇指一样，而你们女人，则像小拇指一样。”演说家的这个言论一出，立即引起了台下观众的注意，尤其是女观众们非常生气，觉得这位演说家是在歧视女性。谁知演说家微微一笑，立刻又说道：“不过，人们的大拇指个个粗壮有力，小拇指却纤细、灵巧，请问在座的各位女士，哪位愿意颠倒过来做那个粗壮有力的大拇指呢？”说完，台下的观众顿时没有了怒气，反而哈哈大笑了起来，觉得这位演说家很有意思。

演说家在这里就是正话反说，让他的语言更幽默，也让他的演讲更引人注目。如果你觉得你们之间的谈话氛围比较无聊、无趣，而对方也不是很想听你说话的话，你就可以试着正话反说，或者是反话正说，让你们之间的气氛更和谐。如果你不得不询问对方一些不方便直说的问题，又担心直说会有不好的影响，或者担心对方不肯回答你，那么你就可以反话正说，欲贬却褒、明褒实贬。

总之，正话反说也好，反话正说也罢，目的都是为了营造一个轻松愉悦的聊天氛围，让你的语言更具有创意和戏剧效果，取得一个良好的谈话效果。

点睛

为了能有一个良好的询问效果，有时候需要你反面文章正面做。注意你的目的是吸引别人的注意，并起到一定的语言效果。反语的运用要看对象，不应滥用、错用，以免起到反效果。

87. 人们更愿意同有幽默感的人聊天

综观周围的人和事，大家都喜欢同那些幽默感比较强的人聊天，甚至现在很多人在找对象的时候，也说要找一个风趣幽默、有意思的人。

为什么大家这么钟爱有幽默感的人呢？因为现在的社会发展太快了，人们每天都很忙，都希望能有一个轻松、愉快的聊天环境。如果在你很累的时候又有个人跑来跟你哭诉他的各种辛酸、痛苦，那只会让你的精神更加疲惫。再说，使用幽默的语言不仅能让彼此的精神变得放松，也能调节气氛。

有一次，《非诚勿扰》节目组在教师节的时候为全国的单身女教师开辟了一次婚恋专场。主持人孟非为了调节现场的气氛就调侃自己道："我儿时的梦想就是做个小学老师或者是大学里一门学不学都无关痛痒的课程的老师……但在我的记忆里，我关于老师的印象，感觉听到的最多的话就是：'站起来，出去！'"孟非调侃自己的幽默话语一出口，就引来一片笑声，瞬间点燃了现场的气氛，不仅让观众愉快，也引起了各位女嘉宾的关注。

所以，如果你能熟练使用幽默化语言与别人聊天，对方就会更喜欢和你聊天。可是，有些人对此很苦恼，如"怎么才能让自己变得幽默呢？我这个人天生没有幽默细胞，难道就注定惹人厌了吗？我天天和别人讲冷笑话，为什么还是没有朋友？"。

其实，幽默是后天能培养的一种技能，只要你找对方法，就能成为一个幽默的人。不过大家要注意，讲笑话不等于幽默！那么，如何讲话才会有幽默感呢？学习以下技巧就可以了。

第一，善用歇后语。中国语言博大精深，有很多很有趣、很幽默的歇后语，可以为你的语言增色。比如，人们常说的："这个人真是和尚打伞——无法无天。"这总比直接说一个人无法无天来得有意思多了。而且你在说歇后语时，一般只需要把前半截说出来就可以了，剩下的部分就让对方自己去体会吧，这会让你们的谈话更有意思！

第二，善用双关词语。在特定的语言环境中，借助一词多义、同音字和同形字等，将两种事物关联起来，使语句具有双重的意义，让平淡无奇的谈话变得精彩纷呈。

第三，正话反说，惹人发笑。使用与本意相反的话来表达本意，会让你的话变得更有意思，惹人发笑；也可以避免正面冲突，使人们在轻松的情境中相互沟通，使紧张的局面得到缓解。比如，一位老太太羡慕对门老太太的儿子孝顺，就可以这么说："你命好，有儿子孝顺。我呢？我得孝顺儿子。"

第四，善用修辞手法，让你的语言既幽默又生动。有很多修辞手法，比如比喻、夸张等，都可以用到询问过程中，也有很多形容词、修饰词可以用于点缀问题，这会让你的问题非常形象、有趣，既能清楚地说明事情的本质，也让对方愿意听。

第五，多积累幽默用语，跟得上时代的潮流。任何幽默用语的使用都是有一定语境条件的，因此，过去的幽默用语有可能不再适用于当下。尤其是现在的网络用语非常发达，今天流行这个，明天流行那个，所以，你还需要紧跟时代潮流，更新你的幽默语库，才能被大家接受。

第六，幽默用语的使用程度，由彼此的关系远近而定。很多幽默用语中带有自嘲、讽刺的意味，关系要好的朋友之间适当说一些讽刺的话可以缩短彼此的距离，但如果你与对方不熟，使用讽刺意味过于强的语句就会让对方反感，这就不是幽默了，而是让对方沉默啊！

看完这些技能，你是不是觉得获益匪浅呢？有没有觉得你会聊天了？那就不要浪费时间了，快快学习这些技能，迅速成长为一名幽默大师吧！

点睛

幽默是一种语言的艺术，是一个人情商高低的体现，也是一种人生智慧。用得好了，它能让人心情愉悦、关系融洽；用过度了，则会变幽默为尴尬，使人难堪。

88. 给对方一个选项

有些人特别排斥被问问题，也不想回答别人的问题，那么，你为了能更好地、有效地获得答案，有时候就需要只询不问，营造出一种“我不是为了获得答案才找你问问题，而是单纯想和你聊聊天而已”的情景，这样对方就不会过于排斥，而把它当成一个平常的聊天来对待。

可是如果你只询不问，还怎么得到你想要的信息呢？别担心，你可以学习一些说话的技巧，看似给了对方选择的余地，实际上却只给了对方一个选项，而你通过这一个选项可以得到你想要的信息的。

小黑是某储蓄银行的一名出纳，每天会遇到各种各样的客户。一天，一个年轻的女孩子走进银行大厅，说自己要开个账户。小黑听了，马上递给她几张表格让她填写。但姑娘说自己不想泄露那么多个人信息，拒绝填写一些内容。

小黑听后，和颜悦色地对这位姑娘说道：“你有这么高的防范意识我可以理解，但是，不怕一万就怕万一，要是你遇到什么突发状况，你愿意把账户上的钱转给你所指定的亲人吗？”

姑娘：“当然愿意。”

小黑：“既然如此，你是不是应该把这位亲人的名字告诉我们呢？不然到时候我们没有办法联系到这位亲人，也就无法依照你的意思处理了。”

姑娘："好的。"

这时候，姑娘对于填写那些个人信息就没有那么排斥了。

所以，在对方对你、对某件事有所排斥的时候，不如采用问问题的方式，让对方认识到其中的原因是什么，并只给对方一个选项，让对方只能回答"是"。如果你没有这么做，而是与对方展开了争执，或者是逼迫对方，不写不行，那么对方自然会像炸毛的兔子一样浑身戒备，趁你不注意就逃之夭夭。

为什么让对方只能回答"是"呢？因为每个人都有自己的思维定式，当它习惯了向着某个方向思考问题时，就会形成思维定势。这就是为什么不能沉溺于某种东西、爱好的原因，不然就会难以自拔。询问也是如此，对方一旦开口说了"是"，就表明他潜意识中已经开始认同你、接纳你了，那么，你只需要让他不断地说"是"，你们就能不停地说下去，而对方自然会就你的问题回馈信息，让你获得自己想要的答案。

不只普通人喜欢这种询问方式，就连伟大的哲学家苏格拉底，也非常善用令对方回复"是"的询问技巧。他会询问一些问题，让对方只能说"是""对"，然后再渐渐地引导对方进入他设定好的方向。就这样，对方不断地回答"是"，等到有所察觉时，信息已经都透露出去了。

所以，遇到不配合回答问题的谈话对象，你可以换一种询问方法，给对方一种"我自己在作决定"的感觉，而不是"受你的影响或逼迫"。如此一来，对方就会自愿配合你。千万不要"霸王硬上弓"，明知道对方防备你、排斥你，你还非要对方回答你的问题，这样只会引得对方说"不"，更加排斥你。

点睛

面对别人的非暴力不合作、沉默与不回应、排斥与嫌弃，你可以只询不问，引导对方说出更多的"是"。这就像打台球一样，尽管原先的方向打偏了，但是，球自己碰回来的时候，很有可能会朝着你期待的方向发展。

89. 同病相怜，说一句“我也是”

100 多年前，林肯曾经引用一句古老的格言——“一滴蜜比一加仑胆汁能够捕到更多的苍蝇”说过一段非常精彩的话。林肯说道：“为了赢得人心、为了让别人同意你的观点，那么，你就应该用一滴蜜去赢得他的心，让他相信你是他忠实的朋友。”

谢霆锋作为一名影视歌三栖的明星，最近几年喜欢上了烹饪，做了一档美食节目叫作《十二道锋味》。每一期节目都会邀请谢霆锋的一位好朋友作为嘉宾，一起去寻找新鲜的食材，做出美味的食物。让观众惊讶的是，谢霆锋有一期请来了羽毛球冠军“超级丹”——林丹。看之前的节目，请来的都是蔡卓妍、容祖儿等知名明星，这次为什么会请来一位体育界的巨星呢？难道谢霆锋和运动员身份的林丹也是好朋友吗？

是的！二人非常喜爱自己的家庭和家人。谢霆锋早年叛逆，成为明星后与父母聚少离多，直到自己也做了父亲，才体会到父母的不易。后来，谢霆锋爱上烹饪，更是享受为家人准备美食的感觉。林丹也不例外，自小就在外练习羽毛球，长大后每天不停地参加比赛，甚少与父母团聚。所以，林丹就去找谢霆锋，请他帮自己为父母做一道美味。

谢霆锋和林丹看似不搭界、却能成为好朋友的原因就是二人“同病相怜”——对家人有着浓烈的感情，而且都喜欢美食与烹饪、想要为家人做美味的食物。

由此可见，在问别人问题时，要想和对方一见如故、要想跟他人处理好关系，你可以寻找双方的共同点，然后说一句“我也是”，让自己变成他人的“自己人”，可以让你们的关系走得更近。

可是，人心都包裹着层层“衣服”，周围竖立着强硬的壁垒，你要想拿到别人的“心”，就需要使用一定的技巧拆掉壁垒、剥掉衣服，才能走近对方。

首先，你可以找出自己与对方所具有的共同点。询问时也可以使用这个方法，找出与对方的相似点、共同点，让对方认为你是“自己人”，对方才能与你更投机。

同时，为了拉近彼此的距离，你在询问时可以多使用“我们”“咱们”等字眼，少说“你”“我”。

其次，让双方处于平等的地位上，营造出你与对方的同病相怜之感。自古以来，因为身份、地位不一样，骑士不了解王爵的痛苦，小姐也不能体会丫鬟的悲哀。现在就不一样了，你要想让对方觉得你们俩同病相怜，你们至少应该处于一个平等的地位上、有着平等的交流。不然，不论你自诩高人一等还是自贬身价，都会让你与对方产生分歧。

最后，让你的“我也是”变得有可信度。要知道，不是你随便抓一件事情就能说服对方相信你们是“同病相怜”的，也不能为了迎合他人而故意编造一些虚假的事情，那样的话，如果被拆穿，对方会感觉自己受到了欺骗，又怎么会与你继续交谈呢？所以，只有你们确实同病相怜了，你才可以说“我也是”。

综上所述，别人需要你“同病相怜”才能与你惺惺相惜，同样也需要你为人真诚才能与你交心。如果你一味地为了求得对方的认可而失去诚信，那么别人也不会喜欢和你聊天。

点睛

在交流的过程中，一句“我也是”就表达出了你想与对方站在同一个战壕里的愿望，对方自然会因为你是同类而接纳你。当对方不再对你竖起壁垒时，你俩的聊天过程自然就会轻松起来，话题也就更自由了。

Chapter 10

分析答案，让询问更有意义

90. 对他人的回答持理性态度

一个女孩对自己的生活一点点失去了信心，她觉得自己做什么事情都非常艰难，觉得生活没有任何希望了，想要自暴自弃。她于是找她的父亲诉苦。

她的父亲是一位厨师，听罢带她进了厨房。在厨房中，她的父亲找了三口锅，然后往锅中倒了一些水，把水烧开，依次放进去胡萝卜、鸡蛋和粉末状的咖啡豆。

女儿依然在旁边抱怨着，说自己的生活是怎么不如意、怎么烦心，但是父亲一句话也没有说，仍然忙活着自己手头的事情。过了一会儿，父亲把锅里的这些东西都捞了出来，然后问女儿能够从这些东西当中看到什么。

女儿感到一头雾水，觉得自己问了这么多生活当中的问题，父亲都没有回答，反而问她这些厨房的事情。但女儿还是听话地看了这些东西，并且按照父亲的指引去触摸和感受。她摸了摸胡萝卜，发现胡萝卜变软了。然后又把鸡蛋剥开，看到了煮好的鸡蛋。最后又品尝了煮出来的咖啡，非常香浓。女儿看着面前的这些东西，感到有些困惑。

父亲耐心地说："你不要小看我今天为你做的这些东西，其实都是有内涵的。这三样东西都有自己的反应和变化，都是不同的。胡萝卜本来是非常坚硬结实的，好像非常坚固，但是遇到沸水之后就变软变弱了。鸡蛋在生的时候是非常易碎的，只有一层薄薄的外壳保护，好像随时都会碎，但是它在沸水当中煮好之后就变硬了，变得非常坚固和结实。而咖啡粉就更独特了，它进入沸水之中，自身好像没有什么变化，但是水却发生了很大的变化，变成了具有咖啡粉特质的水。你希望自己在面对困难的时候，成为哪个呢？"女儿这时才明白父亲的意图。

这个世界充满了哲理，就看我们能不能有所领悟。生活中一件小小的事情，就可能蕴含着非常深刻的道理。比如，我们在生活中看周围的人做事，看起来好像却是非常简单的事情，其实别人在做的时候都是经过深思熟虑的，如果你能好好去体会其中的含义，也是能够有很大收获的。

所以，当我们听到别人的回答之后，也应该用一种相对理性的态度去分析。当我们问别人问题的时候，很多人的回答都相对笼统。但是笼统并不表示没有意义，这需要我们去分析。

理性分析，首先应该做到的就是抛开个人情感。情感一定程度上能够左右我们的想法。但是我们在进行理性分析的时候，就应该抛开个人情感。

真正从理性角度认识问题，不应仅仅看到事物的表面，还应看到事物的内在；不应仅仅看到事物的现在，还应看到事物的发展；不应仅仅看到事物消极的一面，还应看到事物积极的一面。学会随时转换和变化观察事物的角度，才能够对事情有真正深刻的认识。

所以说，拥有理性的态度，对自己的生活会有很大的帮助。

点睛

当我们在生活中犯难时，首先应该做的就是抛开自己的情绪，让自己尽量恢复平静和理性，这样才能够让自己冷静思考、有所收获。

91. 随时对别人的回答进行分析

在一个王国中生活着一位非常幸福的公主，这个国家所有的人都十分宠爱这个公主。有一天小公主生病了，她告诉国王，她想要拥有月亮，只要自己拥有了月亮，病就能够好起来。

国王非常担心公主，于是就立刻召集大臣们来开会，讨论怎样能够拿到月亮。

有的大臣认为，月亮远在三万五千里外，看起来很大，是由铜铸成的；有的大臣说，月亮距离他们生活的地方有十五万里远，是由苹果奶酪做成的，和这个皇宫一样大。

国王听了大臣们的叙述，觉得好像根本没有获得答案，事情完全没有得到解决。于是国王就让皇宫中的小丑给他弹琴解闷，小丑在给国王表演完节目之后，就问国王为什么这么闷闷不乐，知道这个情况之后，小丑说："看来每个人心目当中的月亮都不是一样大的，如果大臣们都有自己的答案，那么公主心目中应该也有自己的答案。所以要想让公主的病好，就应该知道公主心中的月亮是怎样的。"

于是小丑受国王的嘱托去看望公主。小丑和公主开心地聊着天，问公主："月亮有多大呢？"公主说："大概比我的指甲小一点吧，有时候我的拇指都能够把它遮住。""那月亮有多远呢？""应该就和外面的树差不多，因为有时候它和树出现在一起。""那月亮是什么做的呢？""当然是金子做的！"

小丑听完公主的这些描述，立刻就找到金匠，为公主做了一条月牙形的金项链，公主感到非常高兴，病马上就好了。

从这个故事中不难看出，对于同一个问题，每个人的答案都是不同的，但是真正聪明人就知道对不同的人的答案进行不同的分析，这样才能够得到真正的答案。比如说小丑在分析大臣们的议论的时候得出了"每个人心中都有不一样的月亮"的结论，后来在分析公主的回答的时候又得出"其实公主想要的是一条金项链"的结论，很好地解决了问题。

其实我们也应当用这样的分析法去解决问题。

首先我们应该明白，这个问题是针对谁而产生的。很多问题不是空穴来风，所以我们最开始就应该明白问题究竟从何而来——搞清楚问题的根源才能够继续寻求解决的方法。

明白问题产生的根源之后，我们就可以从目标身上寻找解决的方法。我们要明白引起了问题的原因是什么，然后还应该明白针对这个原因有没有弥补的办法。如果并没有可补救的余地，就要去寻找别的解决方法。

可以看到，分析别人的言行是非常重要的，因为别人所说的话当中往往都包含着事情的发展方向和解决方法。我们一定要重视分析。

点睛

当我们在解决一个问题的时候，要善于去分析别人的回答，因为从别人的回答当中，我们总能够得到自己想要的答案。我们能够通过分析找到造成问题出现的原因，也能够从这些原因当中找到真正的解决方法。

92. 起因归谬：专家的答案也未必是对的

说起张悟本，你一定不会感到陌生。八九年前，张悟本一度成为众所周知的“神医”。当时的张悟本被称为“中国食疗第一人”，他的很多观点都获得了老百姓的广泛关注。他的畅销书《把吃出来的病吃回去》在出版之后，受到了广泛关注，很多人都非常相信书中所写。比如，该书说绿豆能够包治百病，所以当时市场上的绿豆大幅涨价。他还曾经做客电视节目《百科全说》，在电视中解说自己的养生方法。他号称自己出身于中医世家，是中医教授，而且是京城的神医，甚至声称自己的食疗法能够治愈各种疑难杂症。

后来，他的理念遭到了很多专家的质疑，还有人觉得书中的这些方法不一定适用于所有人，随后他渐渐被曝光有很多造假行为。他声称自己“出身于中医世家、家里四代都是医生、有 20 多年的食疗临床经验”，但是经过调查发现，他和他的父亲都是普通工人。在学历方面，他说自己毕业于“北京医科大学临床医学系、北京师范大学中医药专业”，事后经过证实，这些学校都没有张悟本的相关学习记录。他还声称自己是“国家卫生部首批国家高级营养师”，但是卫生部根本没有这样的认证。

这样的现象在我们身边也是非常普遍的，在很多老年人聚集的地方，总会有一些人始终“专注”于吸引老年人的注意力，给他们传授各种“养生”或者“健康”

的知识，让他们购买一些药品或者是保养品。很多老年人在遇到这些人后，就失去了自己的判断，认为他们说的都是正确的，其实事实根本不是这样。

社会上有形形色色的人，我们无法分辨清他们的真实身份。就像张悟本，如果当年不是因为有人对他的专业产生质疑，对他进行了调查，恐怕根本不会有人发现他的虚假身份，也根本不会有人对他的书产生质疑。在他的身份和学历有假见诸报道之后，人们才发现他书中讲的好多东西，跟我们的常识和经验都是不一样的，我们这才对这个人的书产生了怀疑。当时的老百姓，就是因为太过于迷信“神医、专家”这样的词，才会上当受骗。

其实，即便是真正的教授、专家，也有可能失误。正因为我们可能没有这样的能力和水平辨别这些失误，所以就应该更加谨慎，当某些行为会对我们的生活或身体产生很大的影响的时候，我们就应该先进行仔细考虑，再决定要不要相信。

中医讲究“对症下药”，每个人的身体状况不一样、症状不一样，医生开出来的药方也不一样。很多人连自己的身体情况都不了解，就盲目按照某些方法给自己进补，这是非常不明智的。

我们在作任何判断的时候都应该看看这个知识或者道理的科学性，不能因为它的来源而妄下定论。否则，这对于我们自己和知识都是非常不负责任的。

点睛

当我们判断知识或者道理是不是可信的时候，不能仅凭它的来源作判断，而应在对它有了丰富并且深刻的认识之后再下结论，这样才能够让这些知识对自己的生活真正起到积极的作用。

93. 影响客观分析的“病毒”——偏见

在生活当中，很多人都会有偏见，我们总觉得有偏见好像也是正常的，其实并不是这样。偏见指的是人们在判断事物的时候并没有看到事件的真相，而只看到一些表面的或者虚假的现象，从而产生不正确的认识。

偏见往往有很大的危害。从小处讲，可能只是在内心对这个事物产生一些错误的认识，在生活当中对这样的人或者事有有失偏颇的想法。但是有时候，如果不对这种偏见加以纠正，就很有可能形成歧视、矛盾和误会，那时，你看到的颜色可能就都是通过有色眼镜看到的颜色，生活就会失去本来的色彩。

人的内心如果存在偏见，就会对某类人或者现象产生一种不准确的看法。如果偏见的程度不深的话，可能只是对这些人或现象忽略或者不在意，但是如果偏见的程度特别深，可能就会直接做出错误的结论，这就比较严重了。

偏见会让我们的学习能力下降。当我们对事物总是抱有偏见的时候，很多事情就不再会是自己的学习对象，很可能就会因为自己的一点偏见直接影响到知识的完整性和全面性。所以，我们在生活和学习中，一定要对知识有完整的解读，这样才能够让自己的知识成体系、有章法。应等自己对知识已经掌握到一定程度了、所有的知识都已经学通透了，再重新对这些事情做判断。这才是正确的学习方法。

偏见还会影响我们正常的判断。在正常的判断过程当中，我们会根据自己对这个事物的了解，作出一定的判断，当我们的情绪处于正常状态的时候，我们就总是能够用正常的眼光去看待这些事情。但是当偏见出现时，我们常常控制不了自己的情绪，我们就会处于一种不愿意认知的状态，这种状态是一定会影响我们的正常判断的。

点睛

在日常生活当中，偏见总在影响人们的评价和判断。所以，我们应该尽量避免偏见，让自己的判断尽量理性、客观。

94. 可以认同答案，但不要从众

相信每个人在学生时代都有过这样的情况，从考场一出来的第一件事就是和周围的同学对答案，或者是讨论难题的解法。如果发现自己的答案跟大多数人的答案是一致的，就非常高兴，觉得自己应该真的做对了；而那些答案与大家不一致的人可能就会有些灰心丧气，因为他们觉得自己的答案可能真的错了。可能在大部分时候，这种对答案的过程确实是发现错误的一种好方式。但是很可能等试卷发下来的时候大家才发现，那些大多数人都认同的答案并不是正确答案，只有很少一部分人在做题的过程中发现了那些所谓的陷阱或者问题的关键，得出了正确的答案。

我们应该都明白这样的道理——我们从根本上追求的是正确的答案，而不是和大多数人一致的答案。但是即便我们知道这样的道理，却还是忍不住对答案，这是为什么呢？其实这种行为直接透露了一种心理——从众心理。每个人都会有这样的心理，在潜意识中觉得大多数人的想法和行为是正确的，于是就会在思想和行动上向大多数人靠拢，只有极少数人能够保持自己的独立性，始终坚持自己内心的想法。

对答案的行为就是典型的从众心理的体现，学生刚刚走出考场的时候，以大多数人的答案作为判断正误的标准。这其实反映了学生在考试之后，内心既焦虑又不自信的一种心理。他们焦虑是因为不知道自己在考场中的作答是不是正确，并且学生都渴望得高分，再加上年龄小，性格也不沉稳，所以，这样的现象很常见。

但是当我们慢慢长大，性格渐渐沉稳起来，就应该明白独立的思考能力是多么重要。我们真正需要的，是让自己成为一个有想法和能够独立思考的人，这样才能不断重塑自己的价值观，也只有这样才能够让自己的思考有意义。所以，我们在认识的过程当中，应该始终坚持一个最重要的原则——正确答案可能不是只有一个，但它始终都是确定的。虽然曾经发生过三人成虎这样的事情，但是事后所有人都是能够认识到流言的欺骗性，一个错误的事情不会因为多数人认同而变成正确的。

独立思考的能力是非常重要的。这种思考建立在个人的知识体系基础上，与其生活和经验息息相关，不会受到太多的外界影响，是一种自己思考的结果。要想有独立思考的能力，就要善于观察，从周围获取自己需要的信息。我们的独立思考还要尽量避免偏见的影响，偏见会让我们得出并不准确的结论。真正的独立思考的思维方式和洞察力，是面对所有问题都能够以理性分析解决的一种方法和能力。

即便我们还没有独立思考的能力，也应该尽量避免从众。虽然在一定阶段内，我们的思考能力不足以得出完全正确的结论，但是我们应该始终坚持思考，这样才能够在逐步的锻炼中真正实现自己的思维独立。而从众是一件完全没有价值的事情，既不能让我们得到正确的结论，也不可能培养我们独立思考的能力，所以我们每个人都应该尽量避免从众。

我们在生活中追求的应该是正确的答案，而不是多数人的答案。我们应该培养自己独立思考的能力和意识，避免盲从。

95. 不要寻找事实去支持答案

我们在沟通的过程当中，总是希望自己给对方的答案是比较丰富的，有时不仅要提出自己的见解，还会附带很多事例，认为这样能够令别人对这样的答案更有体会、能够更好地对他人的生活起到指导作用。但是，事实往往并不是这样。

很多时候，事例对人的指导作用并不大。每个人的现实情况不同，一个人遇到的事情不可能在另一人身上分毫不差地再发生一遍，所以事例本身对人的指导作用其实并不大。人们的性格不一样，遇到的事情不一样，所处的环境也不同，这些条件都是非常重要的，而很多人用事例去指导他人时对这些条件并没有加以考虑，所以这些事例也并没很大的作用。

有的事实甚至可能会对人产生误导。因为每个事例都有其特殊性，都有自己的特质。比如，我们在给出的答案当中强调的是事例的一个方面，但是事例同时是涵盖了几个方面的——虽然我们强调的部分也是被包含其中的，但是对于这一方面的强调并不鲜明。其实我们根本没有办法找到与现实生活中完全一样的事例，所以最好还是不要引用事例，以免对人产生误导。

以上是从事例本身特性的角度来讲的，从接受答案的人的角度来讲，全盘接受事例也是不妥的。

接受者需要一定的思考空间，当他在收到答案的时候，并不可能直接依其行事，而应该进行一番思考。如果直接给予其事例，接受者很可能就会径直按照与事例中采取的类似的方法去做，就缺少了真正思考的环节。

事实上，接受者的思考过程是非常重要的。因为在思考的过程当中，接受者会按照自己的想法过滤掉一些自己不适用的方法，也会添加一些自己的认识和理解，然后才能够制定有效的方案。在以解决实际问题的沟通中，关键并不在于那些事例当中有什么值得借鉴的经验，重要的是这些方法和经验能不能被当事人运用在解决问题的过程中。

真正的答案其实既不来自别人，也不来自经验，而来自自己的思考。一个人只有根据自己的条件进行思考分析，才能得到最佳的解决途径。所以，我们都应该明白这样的道理——不要盲目相信别人的道理和别人的经验。

点睛

当我们为对方提供建议的时候，应该尽量避免引用别人的事实，因为这些事实的实用性并不强，而且有时候还可能对当事人产生误导，使得当事人的思考产生偏差。

96. 汲取有效的建议，过滤不利的信息

我们现在处在一个信息泛滥的时代，不论是在网络、电视中，还是在现实生活

当中，总是有无穷无尽的信息。我们离不开手机，手机上装满了各种应用程序，每一个都充斥着大量的信息。我们每天走在路上，路边的广告牌和电子屏幕越来越多，甚至连电梯和卫生间都充斥着各种形式的信息。我们的生活被置于一个虚拟化和网络化的世界中，在遥远的地方发生的很小的一件事情，也能吸引无数网友围观。

我们一不小心就会变成盲目的信息追随者。我们不自觉地就开始依赖手机，不自觉地就开始讨论那些在网络上发布的信息，不自觉地就掉入了信息的“巨坑”。诚然，我们就生活在这样充满信息的时代，大多数人都无法抗拒这样的趋势。但不好的是，人与人之间的交流也越来越缺少意义，我们不再就一些深刻的问题进行思考和讨论，这不禁让人觉得有些心寒。

在这个信息泛滥的时代，我们应该怎么做才能让自己免受各种信息的困扰呢？在张曼玉出演的一部电影中有这样的一个例子。张曼玉扮演一位保险业务员，历经辛苦之后终于见到客户，但是客户的态度却非常冷淡，直接给了她路费就希望她离开。她非常生气，马上就要离开的时候看到办公室里有一个小孩的照片，于是她便断定那是客户非常爱的孩子，于是她就开始试着说关于孩子的事情。结果，她竟然因为这样一个小小的话题引起了客户的兴趣，她的生意也做成了。

所以，不论是信息焦虑，还是沟通困难，其实终究都是一个信息选择问题。我们在面临信息选择的时候应该有自己的原则和思路，判断怎样的信息是不良信息、怎样的信息是有效信息。

一般来讲，信息应该是服务于我们的生活或者学习的，所以我们首先应该明白自己需要什么样的信息。每个人都应该建立起自己的信息系统，在这个系统当中可以包括任何信息，但是一定是要对我们个人发展有用的，比如我们的专业、工作、爱好、娱乐都可以包含其中。信息系统的覆盖范围虽然很广，但并不代表没有选择性，我们建立自己的信息系统就是要规范自己的专业、制订自己的工作计划、计划自己的爱好和娱乐，这样才能够让自己对信息有所选择。当我们构建起自己的信息系统的时候，看任何信息的时候都会有自己的判断；我们好像为自己画了一个圈，总是能够非常准确地判断出自己面对的信息是不是我们真正需要的信息。

当我们面对与自己相关、对自己有利的信息的时候，就应该对它多一些重视，我们应该反复斟酌包含有利信息的载体，并且及时总结。这样才能真正将这些信息变成自己的知识。

当我们面对那些无效信息的时候，就应该及时躲开。因为无效信息会浪费我们的时间。如果我们沉浸在这样的无效信息当中，对我们的时间将是一种浪费，对我们的意志将是一种消磨。久而久之，我们可能会渐渐变得懒惰。

还有一种危害更大的信息，那就是不良信息。不良信息给不仅仅会浪费我们的时间，更重要的是会对我们的思想观念产生不良的影响。受到这些不良信息的影响，我们很可能会对自己的现实生活产生错误的判断，而这种判断可能会潜移默化影响我们生活当中的很多事情，并最终会带来巨大的危害。

点睛

信息泛滥和沟通随意是现在我们每个人生活中都存在的问题，我们要想摆脱这种现状，就应该有自己的判断和选择，对信息的接收始终保持自己的原则，找准自己关心的重点。

97. 在不断的质疑中锻造勇气

在美国有一个家喻户晓的故事，讲的是在美国的一个村庄，一个老头和自己的小儿子生活在一起。有一天，一个陌生人找到老头，说想带小儿子到城里去工作，老头立刻就拒绝了这个提议。

这个人继续说："如果我给你的儿子在城市里找个对象，你愿意让他去吗？"老头仍然摇摇头说不愿意。这个人又说："如果我给你儿子找的对象是洛克菲勒的女儿，你愿意吗？"老头终于有所动摇了。

这个人又去找洛克菲勒。他说："洛克菲勒先生，我想给你的女儿找对象可以吗？”洛克菲勒听了之后立刻就想把他赶走。但是这个人又说：“我想给你的女儿介绍的是世界银行的副总裁，这样你觉得可以吗？”于是洛克菲勒同意了。

然后这个人又找到了世界银行的总裁，他说：“总裁先生，我认为你应该任命一个副总裁。”总裁说：“我这里已经有很多个副总裁了，我看没有必要再任命副总裁了。”他又说：“我要给您推荐的人选，是洛克菲勒未来的女婿，你觉得怎样？”于是总裁欣然答应了。

当然，这个故事并不是真的，但是这个人面对质疑的能力以及自信和勇气却让人非常难忘。他原本没有任何资本，但是却能够经过各种虚拟和假设，得到不同的承诺，再利用这些不同的承诺让自己变得更加强大，这个过程实在是令人叹服。在这个著名的沟通案例当中，最令我们佩服的有两个方面，一方面是这个人面对质疑的态度，另一方面是这个人在沟通过程中拥有的勇气。

我们在沟通中总是会面对一些质疑，这是无法避免的。因为人们沟通就是为了互相理解，但是在最终实现互相理解之前，是一定会有不理解的，这是再正常不过的事情。所以当我们面对质疑的时候，首先应该明白质疑的存在是合理的，之后我们就应该用一种积极的态度正面面对质疑。其实质疑就是不理解或者不明白，我们首先需要做好的就是解答清楚在理解中存在的问题，其次应该让别人从我们对质疑的解答当中获取更多的有利信息。

勇气的获取就更关键了。在上述故事中，我们无法得知这个人的勇气来源，但是他那敢于直接面对洛克菲勒和世界银行的总裁的勇气，让我们羡慕。其实我们有各种各样的机会锻炼自己的勇气。当我们面对别人的质疑的时候，我们需要应变能力和完整流畅的回答，但更重要的是要对自己有信心，只有这样才能获得别人的信任，而在这个过程当中，我们会勇气大增。

当然，在沟通的过程当中，最重要的其实还是核心利益。不论是质疑的生发，还是勇气的获取，其实都是在围绕核心利益进行的。如果我们坚定地围绕核心利益展开沟通，那么怎样的困难都不会将我们打倒。

点睛

人在沟通的过程当中应该时刻保持自己的勇气，即便遭到质疑也应该如此。慢慢我们就能够体会到，只要有勇气，我们就能够更好地面对各种沟通中的困难。

98. 在提问中培养独立思考的能力

我们每个人在生活当中都会遇到各种各样的问题，每天都会有很多事情需要解决，每天我们都需要到处寻找这些问题的答案。通常，我们寻找答案的方法不外乎两种，一种是从他人处获取答案，另一种是自己获取答案。

相信很多人在遇到问题的时候，会选择从他人处获取答案，我们会问问身边的人遇到类似的事情会如何解决，或者直接上网搜索解决方案。当然，很多现代技术为我们及时获取各种信息提供了方便，但是如果我们对这些信息的依赖程度太深，总是直接按照别人的方法来解决自己在现实中遇到的问题，且不论这样的方法还有可能无效，我们都将面临一个很严重的问题——失去自己独立思考的能力。

很多人似乎都不太重视独立思考的能力，认为并不用搞得这么复杂。但是，独立思考是人必须具备的一个能力。首先，因为独立思考能够帮助我们根据自己的现实情况对问题进行分析。我们虽然能够从别人口中得到某一件事情的解决方法，但是这些方法都是别人遇到问题之后总结出来的，每个人的性格、能力、水平不尽相同，所以在很多时候这些方法也不一定完全适用。所以，即便想学习别人的经验也要经过一定的思考后才能付诸行动。其次，独立思考代表一种重视，这种重视足以让自己对某个问题进行全方位的思考。

很多天才名人说起他们成功的经验，都是独立思考。伽利略是举世闻名的物理学家，他年轻的时候在比萨大学学习，在学校里，他非常喜欢向老师提出各种各样的问题。同学们遇到的司空见惯、习以为常的现象，他却要弄得一清二楚。

有一次他在教堂里看到灯在摆动，他发现，即便灯的摆动距离越来越短，但是每次摆动所花费的时间却是一样的，于是他立刻设计实验证实自己的猜想，最终他发现了钟摆的规律。当时的人们一直都认为物体下落的速度是不一样的，物体越重，下落的速度越快，但是伽利略根据自己的推理和实验对这一学说提出了质疑。最终他在比萨斜塔上进行了著名的自由落体实验：将一百磅的铁球和一磅的铁球一起从铁塔上扔下，结果它们几乎同时落到地面，成功推翻了亚里士多德的假说。

培养独立思考能力是一个巨大的工程，但是我们在生活当中，可以一点点努力，慢慢地得到一些收获。这里面最重要的一个习惯应该是随时提问。伽利略在学校学习时，总是喜欢问各种各样的问题。虽然有些问题听起来好像有些傻、有些无厘头，但正是这些奇奇怪怪的问题引导着他进行独立思考，并且最终在物理学上取得巨大的成就。

提问能够让一个人时刻保持批判的态度。一个人应该对自己生活中的各种事情充满好奇心，遇到觉得奇怪的事物就应该提问。虽然提出的问题不一定有用，但是仍然应该保持这样的习惯。它会使你对任何事情都保持批判态度。用这种批判态度去看周围的事物，你会发现自己的认知和能力得到不断的提升。

不断提问其实就是在整合自己得到的各种信息，得出自己的结论的过程。这个过程能够使我们不断形成自己的分析和理解。这种提问带来的思考和结论，才是真正有意义的。

点睛

独立思考的能力对于一个人来说是非常重要的，一个人如果想要拥有这样的能力，就应该养成提问的习惯。因为提问能够让人时刻保持批判态度，并对事情进行完整的思考。

99. 解疑是塑造价值观的过程

每个人应该都遇到过别人的提问，但有些人总是不屑于回答别人的问题。他们可能是因为觉得自己没有能力给别人很好的建议，也可能是因为他们觉得别人的事情与自己无关所以毫不在意。

事实上，为别人解疑也是一个提升自己的方法。我们为别人解答疑问的过程，其实也是一个独立思考的过程。我们每个人在面对不同的问题时都会有不同的答案，这是毋庸置疑的。且不论这些答案究竟会对提问者产生什么样的影响，解疑的过程其实对回答者自己就是一个塑造价值观的过程，回答者会在这个过程中产生各种各样的想法并有所改变。

解疑的过程也是一个关爱别人的过程。一个人在思考别人的问题的时候，会有所进步和体会。这其实是很简单的道理。从别人的角度思考问题是一种美德，这种美德会让人更加优秀。

解疑的过程会让人注重现实。思考别人的现实问题能够让人非常清楚地了解到，现实生活是我们的唯一依靠，我们所有的想法都应该建立在现实的基础上。解疑的过程能够让我们对生活有更加丰富和完整的认识，真正有所成长。

解疑的过程是一个不断提升的过程。当人面对问题的时候，身上的各种潜能才会被激发出来。人的行动可能会受到制约，但是人的思想是自由的，思考逐渐深入，人的能力也会随之不断提升。人是有局限性的，不可能接触到生活的方方面面，但是与人交流后就不一样了，我们能够从中获取自己平常接触不到的信息，弥补生活经验的缺失。

所以，为别人解疑既不是没有用的事情，也不是对自己毫无益处的事情。相反，它会让我们逐渐体悟他人和世界，并学会用非常坦然的心态面对这个世界。

让我们看看真正的大师对别人问题的回答。

有一个人在生活当中追求完美，他觉得自己活得很累，于是就去找禅师倾诉。禅师对他说："这世界本来就是一半一半的。天一半，地一半；男一半，女一半；善一半，恶一半；清净一半，浊秽一半。你要追求完美，不能接受残缺的一半，你拥有的就只能是残缺的世界。这个世界需要你的包容。”还有一个人问禅师：“人的一生中最重要的一天是哪天？”禅师答道：“今天。”那人有些疑惑，于是禅师继续说：“因为今天是我们唯一拥有的财富。昨天已经过去，明天还未到来，这些都不在我们的掌控当中。而今天不论多么平常，它都在我们的手中，可以由我们支配。”

如果每个人都有禅师这样的领悟和智慧，能够回答别人的问题，为别人解惑，那我们都能成为非常厉害的人。

点睛

一个人在为别人解惑的过程当中，其实是能够有所进步的。在为别人解惑的过程中，他会逐渐塑造自己的价值观：关心他人、注重现实、不断提升。这样的过程是人成长的关键步骤。

100. 在不断询问中找到自己的人生目标

现在很多人比较迷茫，不知道自己真正想要的到底是什么？有人看到别人开公司挣钱了，于是自己脑袋一热也辞职跑去创业，最后除了欠下一笔债，还让自己遍体鳞伤；有人看到别人依靠唱歌就吸引大量粉丝，于是也开始去唱歌，但是坚持一段时间后，好像也没什么意义，于是也就不了了之。

为什么我们会轻易放弃自己的目标？主要还是因为那些所谓的“人生目标”都不是我们真正想要的。因为不是真的喜欢，不是真的想要，所以遇到一点困难和挫折就容易放弃。

想要找到自己能为之奋斗终生的目标，真的好难，不过我们可以通过不断地询问来找到自己的人生目标，在遇到事情的时候，多追问几个“为什么”，透过事情的表面分析出背后的本质，可能你就知道自己到底想要什么了。

作为伟大的革命家、伟大的斗士，鲁迅先生也曾经有过一段消沉的过往，而最终让先生振作精神的，就是一段与钱玄同的对答。

当时，处在消沉中的鲁迅每天只是在绍兴会馆闲坐，从早到晚抄写一些古碑文、辑录些旧诗文。

钱玄同问鲁迅道："你抄了这些有什么用？"

鲁迅先生回答说："没什么用！"

钱玄同："那么，你抄它是什么意思呢？"

鲁迅："没有什么意思。"

钱玄同："我想，你可以做点文章……"

鲁迅叹息道："假如一间铁屋子，是绝无窗户而万难破毁的，里面有许多熟睡的人们，不久都要闷死了，然而是从昏睡入死灭，并不感到就死的悲哀。现在你大嚷起来，惊起了较为清醒的几个人，使这不幸的少数者来受无可挽救的临终的苦楚，你倒以为对得起他们么？"

钱玄同反问："然而，几个人既然起来，你不能说决没有毁坏这铁屋的希望。"

面对钱玄同的反问，先生沉默了许久，他明白了钱玄同的意思，也决心不再消沉下去了。

小时候我们常常会对很多事情充满疑惑，总是有问不完的问题，在不断地追寻下，我们对这个世界渐渐地有了自己的看法。当我们慢慢长大后，我们学会了独立思考，开始对一些事情有了自己的看法。再后来，日复一日的重复让我们觉得很多事想了也没用，于是慢慢地又失去了询问的激情和独立思考的能力，进而我们的人生开始失去目标和方向。

没有目标的人生，就像在大海中没有方向的船，最终因为没有明确的目标而抵达不了目的地。如果你不想毫无目的地过一辈子，那么就要找出自己的人生目标，而询问常常是最直接的方法。我们应该怎样通过询问来找到自己的人生目标呢？

有句话说：一百个人心中有一百个哈姆雷特。关于人生目标，因为每个人不同而各不相同。我们要通过不断地询问，耐心地倾听，找到自己内心深处到底想要什么。

现在，带上纸和笔，找到一个安静的地方，回答以下几个问题，要诚实，不要欺骗自己；并且对每个问题的回答时间不要太长，尽量控制在一分钟之内；写的答案是看到问题后的第一个想法。

第一个问题：自己喜欢什么？

第二个问题：自己最擅长的什么？

第三个问题：自己想要做什么？

第四个问题：自己想要创造什么价值？

第一个问题指出了我们目标的方向，尽量从自己的爱好入手；第二个问题告诉我们可以利用自己哪方面的能力；第三个问题指出了我们的职业方向；第四个问题是我们的终极目标，即我们最终要达到什么目的。

通过这几个问题，我们先找到自己的人生方向，然后根据自身实际情况明确自己的人生目标，有了人生目标后，就可以对自己的人生进行规划，制定短期、中期、长期分阶段目标，当每一个阶段目标都实现后，总的人生目标也实现了。

点睛

找到自己的人生目标后，我们要根据自己的实际情况逐一分解，然后一个一个去实现它们，最终实现自己总的人生目标。

图书在版编目 (CIP) 数据

超级询问的 100 种方法 / 顾嘉著 .—北京：中国法制出版社，2019.12

ISBN 978-7-5216-0412-2

Ⅰ. ①超…　Ⅱ. ①顾…　Ⅲ. ①咨询—方法

Ⅳ. ① C932.2

中国版本图书馆 CIP 数据核字（2019）第 158693 号

策划编辑：郭会娟（gina0214@126.com）

责任编辑：郭会娟　刘　悦　　　　封面设计：李　宁

超级询问的 100 种方法

CHAOJI XUNWEN DE 100 ZHONG FANGFA

著者 / 顾嘉

经销 / 新华书店

印刷 / 北京海纳百川印刷有限公司

开本 / 710 毫米 ×1000 毫米　16 开　　　　印张 / 13　字数 / 156 千

版次 / 2019 年 12 月第 1 版　　　　2019 年 12 月第 1 次印刷

中国法制出版社出版

书号 ISBN 978-7-5216-0412-2　　　　定价：42.80 元

北京西单横二条 2 号　邮政编码 100031　　　　传真：010-66031119

网址：http://www.zgfzs.com　　　　**编辑部电话：010-66054911**

市场营销部电话：010-66033393　　　　**邮购部电话：010-66033288**

（如有印装质量问题，请与本社印务部联系调换。电话：010-66032926）